海底捞

经营的不是餐饮

蹇桂生◎著

北京大学出版社
PEKING UNIVERSITY PRESS

内 容 提 要

海底捞曾经是一个小县城的路边小店，如今（截至 2019 年年底）已发展成拥有近 12 万员工、市值达 2000 多亿港元（约 1800 亿元人民币）的大企业，并且营收每年还在以超过 40% 的速度增长。大家一定很好奇，海底捞成功的秘诀是什么。

作为一个曾经的海底捞人，笔者的答案：海底捞，经营的不是餐饮，是人。海底捞通过"连住利益、锁住管理"，以员工成长驱动企业成长，让员工与公司之间形成三个共同体：利益共同体、事业共同体、命运共同体。

全书围绕"海底捞经营的是人"的核心理念展开，分别从企业文化、三思而行、七个不放过、执行力、创新、师带徒、亲情化、员工激励、干部管理等维度对海底捞进行了诠释。

笔者以曾经的海底捞内部员工的视角，通过自己的所看、所听、所做、所想，对海底捞的管理方法进行了客观的总结与提炼。本书特别适合企业中高层、人力资源管理者、餐饮连锁行业人员、商学院学生或对海底捞管理感兴趣的读者阅读。

图书在版编目(CIP)数据

海底捞，经营的不是餐饮 / 蹇桂生著 — 北京：北京大学出版社，2020.5
ISBN 978-7-301-21621-7

Ⅰ.①海⋯ Ⅱ.①蹇⋯ Ⅲ.①饮食业－企业管理－研究－中国 Ⅳ.①F726.93

中国版本图书馆CIP数据核字(2020)第067553号

书　　　　名	海底捞，经营的不是餐饮	
	HAIDILAO, JINGYING DE BUSHI CANYIN	
著作责任者	蹇桂生　著	
责 任 编 辑	张云静　刘沈君	
标 准 书 号	ISBN 978-7-301-21621-7	
出 版 发 行	北京大学出版社	
地　　　　址	北京市海淀区成府路205号　100871	
网　　　　址	http://www.pup.cn　　新浪微博:@北京大学出版社	
电 子 邮 箱	编辑部 pup7@pup.cn　总编室 zpup@pup.cn	
电　　　　话	邮购部 010-62752015　发行部 010-62750672　编辑部 010-62570390	
印 刷 者	北京鑫海金澳胶印有限公司	
经 销 者	新华书店	
	720毫米×1020毫米　16开本　18.25印张　248千字	
	2020年5月第1版　2024年4月第5次印刷	
印　　　　数	12001-14000册	
定　　　　价	68.00 元	

海底捞 2018 年着实火了一把，上市后股价屡创新高，市值破 2000 亿港元（约 1800 亿元人民币），颐海国际市值破 500 亿港元（约 450 亿元人民币），集团非上市公司也价值不菲，员工整体规模突破 10 万人。"海底捞"三个字，经常成为网络热搜词，俨然成了中国餐饮的一面旗帜。

关于这家"网红"火锅店，大家一定很好奇，海底捞为什么这么火？它经营餐饮的秘诀是什么？

如果非要对这个秘诀作答，作为一个曾经的海底捞人，我的答案是：海底捞，经营的不是餐饮，是人。

为了佐证上述结论，我想有必要给出一些论据。之所以说"海底捞，经营的不是餐饮"，是因为作为火锅店，与其他火锅店相比，海底捞的火锅味道并没有什么特别之处。就用餐环境方面而言，海底捞也没有什么特别的地方。可就是这样一家火锅店，生意却非常火爆，不提前预订，就只能等位。这背后肯定有一套行之有效的经营管理机制，使海底捞能够获得市场的认可。

那么，这套经营管理机制是什么呢？前面已经回答了，是人。

之所以说"海底捞经营的是人"，是因为海底捞的管理非常特别，例如，公司从来不考核利润，从来不做年度经营计划与年度预算。关于公司是否要做年度经营计划与年度预算的问题，苟哥（海底捞集团副总，苟轶群）问过我两次，问我怎么看。我当时回答，有计划与预算应该会比较好。显然，这个回答没有让他满意。随着对业务的了解，我终于明白为什么不要做计划了。因为海底捞的发展是靠员工的成长驱动的，只有培养成熟了一批员工，才能再开一家新店。否则，即使新店的选址完成了，也装修好了店面，如果员工没有培养起来，那么公司宁愿交着房租等，也不会开新店。海底捞的管理从来都不以财务数据为中心，而是以人员培养为中心，自然对人的经营就尤为重要了。所以，海底捞的成功从根本上来说，是人力资源体系的成功。

海底捞究竟是如何经营人的呢？我想从一个海底捞员工的视角来观察、解读海底捞。我会通过自己在海底捞所经历的、所做的、所看的、所听的、所想的客观地叙述海底捞那些事儿，这些事儿既没有夹杂太多的个人判断，又没有太多华丽的辞藻，只有客观地呈现。不同的人对这些事儿会有不同的感受、不同的判断，并有不同的收获。我将从四个方面对"海底捞经营的是人"进行论述。

1. 连住利益，锁住管理

海底捞的服务确实很好，因为它背后有一套比较完善的管理体系作支撑。海底捞以人力资源为核心，"连住利益，锁住管理"，以员工成长驱动企业成长，让员工与公司之间形成三个共同体：利益共同体、事业共同体、命运共同体。

海底捞的员工激励简单、直接、有效。一些激励手段在旁人看来，既在意料之外，又在情理之中。例如，过年过节给员工买件衣服、送双鞋子，给员工父母发红包，串门家访，进行员工心理辅导等。在海底捞工作虽然累，但是员工做得开心，因为不仅有人文关怀，还有在这个领域里有绝对优越感的工资。在互联网企业工作的人可能觉得这个收入不算什么，但是对于劳动密集型的企业来说，这个收入已经不低了。

对于大多数来自农村的年轻人来说，上述这些已经很能打动他们。因为，海底捞就像一个大家庭，公司给员工提供了一个平台，更提供了一个公平、公正的工作环境，每个员工都有机会用双手改变命运，可以用自己的勤奋、善良与真诚获取职位的升迁，在城市里买房安家、娶妻生子，改变自己及家人的命运。每个海底捞人内心都坚信并笃定，这一天不会太遥远，就像海底捞店歌所唱的，"带着母亲登长城，总有一天会实现"。

俗话说，没有永远的朋友，只有永恒的利益。我相信大多数人的内心是认同这句话的。而利益是什么呢？我认为它包括两个方面：精神与物质。在这两个方面，海底捞都做得很好。

在精神方面，家访，亲情化管理，给员工父母发过节费、祖父母福利、子女教育补贴、荣誉奖励、关爱基金等，都是用情感作为纽带，维系公司与员工之间的感情。

在物质方面，海底捞通过建立公平、公正的工作环境，让员工在一个相对纯粹的工作环境中努力奋斗，用双手改变命运。而改变命运的媒介就是现金回报，在这里，对于有价值贡献的员工，海底捞会毫不吝啬地给予物质奖励。

前面讲的是"给予"，接下来讲"要求"，也就是"锁住管理"。给予的前提是有价值贡献，如何创造价值和评估价值，就是锁住管理要做的事情了。海底捞的管理包括激励体系、工作质量的评价体系、执行力的监督体系、学习与创新的管理体系等。

通过制定一些规则锁住管理，让每个管理动作都不变形、不走样，每个员工都能完成公司的规定动作，并且能自由发挥自选动作。员工满意度与顾客满意度是海底捞坚守的基本价值准则。

2. 制度化管理，流程化操作，数据化考核，跟踪式监督

这四句话中没有一句是空话，从海底捞管理的方方面面都能感受到，渗透海底捞管理的每个角落。

"制度化管理，流程化操作"，是海底捞实现规模化发展的基本前提。相较于传统餐饮，海底捞比较幸运，因为火锅天然具有半工业化属性。有的人说，服务怎么制度化？如果定得太"死"，反而不利于服务创新，这就要考验管理者制定制度的水平了。为了制度化建设，海底捞特地学习华为，先僵化、后优化、再固化，还为此成立了流程管理部。过程是痛苦的，但是结果是美好的，因为海底捞真正实现了制度化管理。

"数据化考核，跟踪式监督"，是海底捞评估价值贡献的有效管理工具。通过量化的数据评价，评定每个员工的贡献。对于执行过程中或者管理中存在的问题，通过督办、七个不放过，不断地跟进，保证最终人人都管事，事事有人管，不解决到位，誓不罢休。当然，在这个过程中有很多人会觉得难受，甚至痛苦，因为这会让每个人无处遁形，不能待在自己的舒适区，总有鞭子抽着往前走。

3. 联邦制

联邦制的起源是阿米巴，海底捞曾经全面学习阿米巴经营，并在内部全面推行。阿米巴经营的核心是通过"经营人"来经营好企业，通过"做好人"来"做好企业"。其三大目标都是围绕人展开的：感受市场温度、培养经营意识关注的是人，因为意识是人的思维属性；培养阿米巴经营人才自然关注的也是人；鼓励企业的全员参与更是关注人的。这些目标能够带动整个团队的积极性。

海底捞在前期实施阿米巴经营和内部独立核算时，主要考虑的是如何把账算清楚。但这只是在形式上做到了阿米巴经营，还没有掌握其精髓。推行阿米巴，最重要的问题是如何提高员工的经营意识。意识是人的思维属性，员工只有有了经营意识，在思考问题时才能有好的思维方式。而思维方式是一切行动的根源。

要提高员工的经营意识，就要经营人，让每个人都有意愿去经营。这就要从激励机制上着手了，激励人是做好阿米巴经营的前提。在这方面海底捞做了不少功课，下了不少功夫。

随着阿米巴的推行及海底捞的发展，集团化自然是大势所趋（阿米巴只是解决了内部虚拟核算的问题，做到了内部市场化）。为此，我还曾起草过海底捞集团化方案［大致是把海底捞业务分成餐饮、商贸物流、工程、商业地产与教育五大板块，现在看来，有些部分已经初成气候。餐饮部分，海底捞（中国）火锅已经上市；商贸部分，颐海国际也已经上市］。

第一次在海底捞内部听到联邦制这个概念，还是在一次会议上。袁哥

（海底捞集团副总，袁华强）读张大哥（海底捞创始人，董事长，张勇）的短信，提到联邦制，并要求大家组织学习联邦制。为此，大家还搜索了不少关于联邦制的资料在会上学习。

联邦制是分权的模式，各个联邦有很大的自主权。海底捞之后的裂变，在内部规则上就是以联邦制思想为基础的。

联邦制是海底捞一个重要的管理思想，对海底捞的裂变有革命性意义，它突破了阿米巴的局限性。

4. 学习与创新

企业在招聘的时候，很重要的一项工作就是考察候选人的学习能力，因为学习能力代表候选人今后的发展潜力。同理，在考察一个企业或组织时，其团队的学习能力同样代表着这个企业或组织的发展潜能。在学习方面，海底捞致力于打造一个学习型组织，让组织时刻具有危机感，敏锐洞察外界环境的变化。具体做法是，通过行业学习，不断吸取他人可借鉴的经验；通过理论学习，不断推出科学的管理方法。

虽然消费者对海底捞火锅的菜品创新感受不太明显（其实也有不少创新，不过火锅菜品创新空间确实不大，这是由行业属性决定的），但是在服务方面、信息化方面，消费者一定能感受到海底捞的创新，网络上的许多海底捞服务的段子就是其最好的证明。

在海底捞内部管理上，创新也是层出不穷的。学习型组织会有更多的创新，同时创新也会推动学习型组织发展。学习与创新是推动海底捞人力体系建设的重要维度之一。

阅读本书的人，我想一定是对海底捞感兴趣的人，因此大多数人应该都在网络上看到过下面这些关于海底捞的段子。

刚才去吃海底捞，排队期间对面马路上有人吵架，打起来了。于是我就站在门口看，接着有服务员给我搬了把凳子，还端了点心过来。服务员跟我说，他们已经派人过去打听吵架的缘由了，让我稍等片刻……

上次我和男朋友去海底捞吃饭，中途他累了，趴在桌上想休息一会儿，结果不小心睡着了。我没有忍心喊他，然后体贴的服务员小哥哥找来了一床小被子，轻轻地盖在了我男朋友的身上。当时我就震惊了，动作之轻微，让我一个女生自叹不如，小哥哥又掖了掖被角就走了。

昨天在论坛上问关于手机上网的问题，有人提议：打电话问问海底捞吧。遂打订位电话过去问，接电话的妹子听了我的问题后说："请稍等。"一会儿，一个男生接过电话开始给我讲解手机上网的方法和设置心得……

这些段子都是真的吗？是不是企业自己进行的网络推广宣传？如果我告诉你，海底捞没有市场部，你可能不相信。这些都是顾客的口碑传播。

网络上对海底捞的评价，有些把海底捞神化了。张大哥在内部讲话时曾说："我们被过高地评价了，其实我们内部的管理名不副实，我们内部乱得很，我们管理的问题超乎他们的想象。"我觉得他的话有些过分谦虚了，客观地讲，海底捞确实也会有一些问题，但是总体上瑕不掩瑜。

从结果来看，当前海底捞的规模已然算行业的标杆。我大胆地预测，未来5年内，整个海底捞集团的市值可能会接近万亿元，员工规模可能会超过30万人，这个体量应该可以算是超大的民营企业了。让我们怀着对海底捞的期许，用一颗好奇的心寻找企业经营的真谛。

离开海底捞已经有几年了，我时常回想起过往，觉得海底捞的一些工作方法非常好——经营的不是餐饮，而是人。各位读者，特别是一些企业的高层管理者、人力资源管理者，带着自己企业的问题，带着思考来阅读本书，你们或许会找到一些"经营人"的答案。

最后，感谢曾经在海底捞的日子，因为那里有一群可爱的人，我们一起经历了一段难忘的时光，收获了知识、友谊，懂得了感恩，这将是我人生中的一笔重要财富，使我永生难忘。

蹇桂生

目 录

CONTENTS

CHAPTER
01

第一章
印象海底捞

信念，永远是海底捞企业文化得以实现的重要条件。海底捞的每个员工都深信并笃定：只要努力付出，终将会有所回报。海底捞也兑现了承诺：用温情的方式予以精神与物质的激励，用科学有效的管理制度为员工创造了一个公平、公正的工作环境，并通过培训和激励，让每个员工都能实现个人的成长，改变自己及家人的命运。

◉ 入职第一课

　　那是 2012 年的一个初春的早上，我起床收拾好东西，精神抖擞地去上班，想在第一天上班给大家留下一个好的印象。公司地址在北京天通苑，位置有点儿偏，离最近的地铁站也还有一段距离。而我住在南城，上班路上要花一个多小时。我算好了时间，本来可以提前 20 分钟到公司，可是由于路上堵车，所以我到公司时刚好到了上班时间。

　　一出电梯我就看见一群人在门口整齐地站成几排，我也赶紧凑上去，跟大家站在一起，但心里觉得怪怪的，这是干什么呢？作为新人，跟着大家做就好了，起码不会出错。后来我才知道，这是上班前的一个仪式。

　　随后，音箱里响起了激情的旋律，大家跟着这个旋律唱起了海底捞的店歌——《携手明天》：

　　　　唱着同样的旋律，共创美好的明天；
　　　　怀着同样的梦想，时刻发奋图强；
　　　　为了飞跃而成长，为了创业而坚强；
　　　　心连心，一起度过艰难；
　　　　手拉手，分秒并肩作战；
　　　　创造奇迹，拥有梦想；
　　　　知恩图报，双手创造未来。
　　　　带着同样的目标，共创美好的明天；
　　　　怀着家人的期望，时刻发奋图强；
　　　　带着母亲登长城，终有一天会实现；

心连心，一起度过艰难；

手拉手，分秒并肩作战；

创造奇迹，拥有梦想；

知恩图报，双手创造未来。

由于不会唱，我只能站着认真听旋律与歌词。合唱结束后，我以为就要解散了呢，可是大家都没动，接下来大家进行了集体宣誓。

【宣誓词】

我宣誓：我愿意努力工作，因为我盼望明天会更好；

我愿意尊重每一位同事，因为我也需要大家的关心；

我愿意真诚，因为我需要问心无愧；

我愿意虚心接受意见，因为我们太需要成功；

我坚信，只要付出，终有回报。

【经营目标】

为了伙伴们的物质和精神两方面的可持续幸福，我们努力工作、持续改进，将双手改变命运的价值观在海底捞变成现实。

【个人使命】

我要以海底捞人的真诚和热情，通过好吃的菜品、恰如其分的服务，温馨整洁的环境，为顾客提供愉悦的用餐体验，把顾客的每一件小事都当成自己的大事来完成。

我要牢记顾客是一桌一桌抓的，伙伴是一个一个凝聚的。

我要为了伙伴们的物质和精神两方面的可持续幸福和社会的发展，全力以赴去持续挑战更大的销售额和更少的浪费。

【行动指南】

我相信我自己，我相信阳光和空气，我相信我的未来不是梦，我相信工作的双手、思考的大脑和爱的心灵！

我要诚实、善良和光明正大地生活；

我要以"所有的原因都在我自己"的想法来处理一切问题，努力创造更高的业绩。

我要有"今天的最高是明天的最低"的想法，天天改善，不断进步！

我要以利他之心对待周围的人，共同成长。

今天一天，我会非常认真地付出绝不亚于任何人的努力！

（注：因为内容太长，海底捞后来对宣誓内容进行了调整，经营目标、个人使命与行动指南不再进行宣誓，只保留宣誓词部分）

这就是我第一天上班一开始经历的几分钟。宣誓结束后，我也不知道为什么，心里感觉很复杂，是什么原因，我也说不清楚，应该是走心了。中午休息时，耳边总是响起早上那首歌，虽然有些歌词听不太清楚，但有一句记忆犹新：带着母亲登长城，终有一天会实现。

后来公司发给我一部手机，电话铃声也是这首歌，我特别喜欢这个铃声。在一次培训课上，一个老师说他们曾经对这首歌的歌词做过调研，大家反馈有几句话很触动人心，很多人唱着唱着就哭了。

欢乐水果房

　　根据海底捞的新员工转正要求，无论什么岗位、什么级别，都需要去门店一线实习，通过审核并达到 C 线以上的标准（新员工入职三个月内完成五个工作日的门店实习工作）。门店会对新员工在店里的实习情况进行记录和评价，员工本人也要提交门店实习总结。

　　入职前，我在管理咨询公司做顾问，没有在这样的一线做过，所以，心里还是挺期待的，想去体验一下做服务员的感觉。后来我才发现，这个想法太天真了。

　　因为我是外招的干部（海底捞以前基本都是内部培养干部，职能部门因为其专业性才会外部招聘），自己又有房，所以没有住公司提供的宿舍，于是提前跟公司沟通好，选了一个在方庄离家不是太远的门店实习。南三环刘家窑桥非常堵，担心上班会迟到，我提前了一点到达门店，然后把车停在了门口。泊车的小伙伴马上特别热情地跑上前跟我打招呼："哥，我们那边地下车库可以免费停，我帮你开过去吧！"他以为我是顾客呢。

　　我解释了情况后，他还是特别热情地跟着我把车开过去了，弄得我特别不好意思。这是我对门店的第一印象，感受特别好。

　　进店后，店经理已经给我安排好了岗位。因为第一天进店，没有前厅服务员经验，所以经理把我安排到了后厨的水果房——一个不用直接接触顾客的岗位。

　　在一个小伙伴的带领下，我换好衣服、戴好口罩后，进了后厨水果房。大家相互简单介绍了自己，先熟悉起来，水果房的大哥就是我的师傅了（海底捞对新员工有"三个一"工程：一次沟通、一个目标、一个师傅），这几天我就跟着他做。

海底捞的生意非常好，经常要等位，特别是周末与节假日，不预订的话基本都要等很久。每天都有两个高峰期：午高峰与晚高峰。每次到了高峰期，后厨水果房就忙得四脚朝天，不断地洗、不断地切、不断地拼盘；客人一波一波地来，我们一波一波地准备，像极了当时一个流行的游戏：切水果。

师傅安排给我的第一个活儿是洗水果，听起来很简单，但是做起来却是一个体力活儿。光洗其实不费力，费力的是洗得太多，一筐又一筐，没完没了。我每次搬运几十斤重的筐都特别吃力，有时还搬不动，得找师傅帮忙。

洗圣女果是最费时间的，因为需要把每个果子的小蒂都摘掉，一筐就得摘一二十分钟。每天会有前厅的几个小伙伴过来帮忙摘，一边摘一边聊天，大家其乐融融的，感觉时间过得非常快。

中午吃饭的时候，师傅总是让我先去吃饭，他留下打扫卫生，打扫完才出来吃饭。吃完饭后，我已经感觉累得不行了，就去员工休息室休息。休息室里面摆放了几张床，有几个小伙伴已经在床上睡着了。我轻手轻脚地进去，一躺下就睡着了，睡得特别香，还做了一个美梦。

很快晚高峰就来了，时不时有前厅服务员跑到水果房说，有客人过生日，需要一个水果拼盘；这边有一个小孩儿，要一个可爱点的；那边有一对情侣，要一个心形的；还有一个团建，要定制一下，弄点创意……一个个需求让我们应接不暇。

听到这些我觉得压力很大，心想哪里忙得过来啊！但师傅一点也不抱怨，只是嘴里念叨着：今天生意太好了。他有条不紊地切着水果，认真做着水果拼盘。我因为不会，所以就在边上打杂，帮师傅弄火龙果。师傅一刀下去，一个大西瓜就裂开了——因为熟透了，里面的沙瓤有些软，师傅直接把整个西瓜扔进了旁边的垃圾桶。我震惊了，心想这也太浪费了吧！

西瓜两块钱一斤，这一下几十块钱就没有了！

师傅说，"这个西瓜做不了拼盘，客人感受会不好。"

我一直都觉得海底捞的顾客满意度不是吹的，这次算是亲身体会了。

一会儿，又有传菜组的同事过来说，哪个区域的水果快完了，要抓紧补上。后厨人不少，跑步声、说话声、切菜声夹杂在一起，伴随着前厅的歌声，就像一场交响乐会，每个人都在尽职地扮演自己的角色。我的师傅年龄也不算小了，还有点内向，但每次前厅同事来喊话："水果又要用完了，加快速度。"他总是会大声回答："收到。"我也硬着头皮，端着水果往外冲。

在客人们几个波次的"进攻"后，我们终于胜利了，工作节奏慢了下来，一看时间，都超过九点半了。师傅让我先去吃饭，吃完早点回家，他们则留下来打扫卫生。

到了车库我突然有些内疚了，这么多客人需要车位，我却占用了一个，真是不应该啊！我发动了车，一边开，一边陷入了思考……

这就是我在水果房工作的第一天，忙并快乐着。接下来几天，我每天都重复着"切水果"的游戏。

◉ 不一样的培训

入职并完成了"三个一"工程后，我就要按照流程完成海底捞转正之前的各项要求了。

实施阿米巴经营，从一次部门会议开始。

前一天通知开会，地点在员工宿舍，我感到奇怪，是不是有什么特别的事情？第二天我按照要求去了员工宿舍，是一间两居室，摆放了几张床，感觉还是不错的，虽然简陋了一些，但是干净、整齐。

会议一开始，贾萌（流程管理部部长）就给我解释为什么在宿舍开会，还送给我一本书——《阿米巴经营》。她说海底捞目前在推行阿米巴，如果在海底捞大会议室开会，半天时间，综合事务部要收800元钱，当然这个是虚拟收费。我们部门也有阿米巴经营成果，即如果为其他部门服务了，也要收费，这是创收。在节流上，各项费用应尽量省着花。

后来我才知道，有的部门为了不被综合事务部收费，不报备，悄悄使用会议室。后来，综合事务部就把会议室的门锁了，必须预约才开门。

这件事有一些极端，但是让我深刻认识到，阿米巴经营不是一件容易的事情，需要全员参与，并且深刻理解到稻盛的思想里应该也有这个要求。

作为职能部门员工，我本来是可以不参加一线服务员的培训的。但是为了了解与体验，我就报名了，并且在前一天就到来广营的培训基地和大家同吃同住了。

宿舍特别拥挤，除了床就只剩一个很小的空间了，但是给人的感觉还是比较整洁的，也没有异味。如果不是先到宿舍体验，就理解不了为什么培训老师上课前反复说，每天晚上必须洗袜子，鞋子不能放屋里，不然保洁阿姨看到了会扔到垃圾桶。

培训开始，要选班长，大家一致推举了我，可能是觉得我跟大家不一样吧。做了两天班长后我才发现，自己不太胜任这个职位，学历在这里并不重要，重要的是要勤奋、热情、阳光。老师问菜品、问克重，我还不如大家熟悉，当时还挺自卑的。后来我才知道，他们有的人在门店做过，突然觉得自己当时上当了。

关于企业文化，片区教练谢秀珍现身说法，讲了自己的经历。虽然过了这么多年，但我依稀还记得故事的梗概。

谢秀珍以前在老家与老公一起做生意，后来生意失败了，还欠了不少外债，就经人介绍到海底捞当了服务员。没做多久就觉得太累了，脚也起泡了，她想离职。但是海底捞有一个规定，做满3个月就可以报销回家的路费。当时谢秀珍的想法非常简单，就是想再坚持几天，拿到路费再回家。没想到，这一坚持就习惯了。因为头脑灵活，工作努力，她很快就被作为店长人选培养了。不久后，她当上了店长，把家人也接了过来，并在外面租了房子（店长有房补）。

可是好景不长，她由于没有太多管理经验，所以团队管得不是太好。袁总多次跟她沟通，还是没有太大改善，于是，谢秀珍就被降职了。这对于她来说，是一个巨大的灾难。因为服务员没有店长那么高的工资，家里有小孩要养，还有房租要交，以后的生活怎么办呢？谢秀珍发愁了，又有了离职的想法。

袁总找她沟通，承诺工资待遇保留三个月不变，作为一个过渡期，希望她在哪里跌倒，就在哪里爬起来，以后还能回到店长的岗位上来，后来的结果大家也就知道了。

如果没有这样的留人制度，没有袁总的关心，就没有今天站在台前讲课的谢秀珍，海底捞也就会流失一个优秀的干部。

　　之后，我又参加了海底捞大学组织的海底捞职能部门新员工培训，原计划培训3天，可是第一天下午王老师（人力资源部部长，王奋）就说要临时沟通一件事情，培训课程进行调整，由原来的3天改为2天。原因是，董事长张勇当天上午到达培训基地，发现大家的精神状态不是很饱满，因此紧急召开了一个会，对培训做了调整。

　　我当时的感受是，大家听课挺认真的，没有特别懒散的情况。或许是张勇的要求太高了吧，我们不以为然的事情，在他看来就是问题。这也刚好印证了苟轶群在聊天时跟我们说过的一句话：张大哥说"我为什么不去公司？是因为我怕被你们气死。"（实际上他原来每个月来公司开一次会，后来改成两个月来一次，再后来就是大家去他家开会了）。

　　第二天，苟轶群给我们讲了公司的战略。他用提问的方式问大家，海底捞的战略是什么。大家的回答五花八门，但苟轶群觉得都没有回答到点上。

　　苟轶群说："我们的核心是服务，服务需要的是人，人是海底捞最核心的资源，我们要让每个人都能通过勤劳的双手改变命运。"曾经有投资人问苟轶群，为什么海底捞要把服务作为核心？因为个性化服务不能标准化，这样很难复制。他们不理解海底捞的逻辑，觉得从资本的角度来看，这样的模式没有投资价值。在餐饮业的所有竞争环节中，服务是最难的部分，如果但是把这部分的核心竞争力构建好了，就会成为"护城河"，无形中提高竞争门槛，让对手难以超越。

　　苟轶群深入浅出地回答了海底捞的三大目标：致力于创造一个公平、公正的工作环境，把"双手改变命运"的价值观在海底捞变成现实，将海底捞开向全国。他回答让人记忆深刻。

　　从这个角度来看，我不禁感叹：这哪里是一个餐饮公司，分明是一个标准的人力资源公司。

海底捞禁令

海底捞内部发布的相关信息，大家看得最多的，一个是海底捞文化月刊，一个是 OA（办公系统）公告。

我们经常会看到这样的公告：×× 因为 ×× 原因，严重违反禁令，给予开除处理，永不录用。这种公告的点击率还挺高的。

其实，海底捞对员工还是挺仁慈的，除了因违反禁令被开除外，还从来没有听说过员工因为其他的原因被辞退的。我们听到更多的是，×× 因为 ×× 原因被降级，并且这种事情大家已经司空见惯了。海底捞的核心高层总经理办公会成员里面就有好几个人是被降级，然后又重新晋升上去的。

在一线部门，被降级的情况也很多，原因有犯错、绩效不合格，或不能按时冲 A 脱 C 等。每个门店新开业后，公司都会默认它是 C 级店，要求新店在半年内达到 B 级店水平，这就是海底捞的"脱 C"；最长不超过 18 个月，要达到 A 级店水平，这就是"冲 A"。冲 A 成功后，店内骨干就可以开新店，新店则成为老店的子店，老店经理就可以享受新店的分红。

但是我们很少听说，有人因为被降级，然后就离职了。在本书关于海底捞的员工激励部分会讨论这个问题。

在海底捞，禁令就是"高压线"，触碰不得。如果绩效不好，海底捞可以辅导你；如果情绪低落，海底捞可以安慰你；如果生活有困难，海底捞可以帮助你；如果做错了事情，给公司带来了损失，海底捞可以酌情处罚你。但是，一旦触碰了禁令，就会受到严厉处罚。

那么，海底捞的禁令究竟是什么呢？

第一条：不准赌博（中高层管理人员因公司必要应酬的，须向督办中心报备）。参与赌博者一经发现，一律开除。可根据需要在经理级别以上人员的担保下重新录用。

第二条：不准泄露公司机密。一经发现，一律开除，并移送司法机关处理。

第三条：不准贪污、挪用公款。一经发现，一律开除，并移送司法机关处理。

第四条：不准收受合作方、供应商、外部业务单位的礼金、礼物（董事会成员及授权人员不受此约束）。一经发现，收受200元以内的，降职降级；收受200元以上的，酌情予以处理，直至开除，永不录用。

第五条：不准收受超过100元的下级员工的礼金、礼物。一经发现，收受100元以上200元以下的，降职降级；收受200元以上的，酌情予以处理，直至开除。可根据需要在经理级别以上人员的担保下重新录用。

第六条：不准过量饮酒、醉酒。

公司组织相关聚会活动时，组织者负主责，并保证活动有序。

若发生伤亡事故，对活动组织者予以降职降级，涉事人员予以开除。可根据需要在经理级别以上人员的担保下重新录用。

以上诸条，各门店、各部门领导为主要责任人。如发现未按禁令处理的，一年内第一次罚款一万元，第二次罚款二万元，第三次予以降级降职。

每个企业都有自己的"高压线"，海底捞的"高压线"更多地突出了对人品的考察，突出了道德层面的要求。我想，这也是我们作为一个社会人，应该遵从的基本规则。

八小时复命

李姐（蜀海副总经理，李杨梅）讲过一个故事，很好地诠释了什么是顾客满意度与八小时复命制，故事大概是这样的。

有一天，门店的员工给区域物流打电话，说顾客反馈门店的橘子不甜。负责物流的同事就把这条信息转给了采购，采购回复："这个季节的橘子就是不甜。"结果这句话闯了大祸。

门店收到这个回复后非常生气，也不知道是怎么回事，这件事情传到了张勇那里，张勇要求相关人员连夜到他成都的家里开会。

相关人员到了张勇家已经是夜里，见到大家后，张勇的第一句话是："苟总坐着（他分管采购与物流），其他人站着，坐要坐得心安理得，站要站得理直气壮！"会议一直开到天快亮了才结束。

从这个故事中我们能感受到，海底捞对顾客满意度的极致追求。

除了对顾客满意度的重视外，海底捞还有一个制度，八小时复命制，这也是海底捞核心文化的一部分。下级向上级请示工作，首先，下级有问题需要解决并有方案时，可以以书面形式向上级提出，上级必须在八小时内回复解决方法或方案修改意见；若超过八小时未回复，则以认同对待，如造成不良后果，一切责任由上级承担。其次，下级遇到需要解决的问题，自己又没有合适的处理方式需要请示上级时，上级必须在八小时内（包括上级向更上一级领导请示的时间在内）提出解决方案，如果被请示的上级在八小时内不能给出处理意见或解决问题的方案，则总经理视情况对责任人做出处理。

下级执行上级命令，首先，对上级下达的任何命令，不管是否能在规定的八小时内完成，下级都必须在规定的时间内复命。若执行人在执行命令时有困难或阻力，自己经过努力但确实无法完成，那么执行人要立即向上级复命（不得超过八小时）。其次，上一级领导在接到下级无法完成命令的汇报后，自己经过努力也无法完成时，必须向更上一级领导请示，更上一级领导也必须在八小时内复命，直至将情况反映至总经理。总经理在决策时认为需要董事会全体成员共同研究表决的，须在八小时内向董事会提议。

公司对于处理问题的时间规定在八小时之内，所有的员工必须认真按照这一要求执行，无论何种原因，只要在八小时之内没有复命，公司将对责任人按照事情的轻重来处理。如果造成严重后果，将追究责任人相应责任。

在海底捞，八小时复命制是深入人心的，跟海底捞员工打过交道的人对此应该会有更深的体会。从市场检验来看，海底捞的成功也与其内在的核心文化分不开，八小时复命制就是其中之一。

首问责任制

海底捞的员工都有两个特点，一是人品好，二是执行力强，这与公司招人有关系，也与公司选拔用人有关系。

海底捞的员工都有超强的执行力。除了用大家在工作中建立起来的信任感推进执行力之外，公司还通过制度的手段强化执行力。

为了做到"人人都管事，事事有人管"，保证各项工作的执行和落实，海底捞在公司上下实行首问责任制，其核心条款如下。

第一条，首问责任制要求公司每个员工在接到外部或公司内部部门、个人的诉求时，这个员工即成为该诉求的第一责任人，应在第一时间进行相应的处理。

第二条，第一责任人接到的诉求属于其工作职能范围内的，应当按照公司八小时复命制的要求处理，尽快满足诉求。

第三条，第一责任人接到的诉求不属于其工作职能范围内的，应当在第一时间内通知相关责任人，追踪督促其解决，并随时告知诉求提出者问题处理的进展情况。

第四条，对于第一责任人转交的诉求，负责部门或人员不得推诿、拒绝或拖延，应当按照八小时复命制的工作要求处理，并有义务向第一责任人或诉求提出者及时告知工作进展。第一责任人有权监督相关负责部门的处理工作，并就处理诉求过程中出现的问题向负责部门或人员的主管领导报告。

第五条，若诉求未能妥善解决，则按照以下方式追究各责任人责任。

（1）属于第一责任人工作职能范围内的工作，或属于第一责任人工作职能范围外的工作但第一责任人未在第一时间通知相关责任人的，第一责任人承担全部责任。

（2）第一责任人通知了相关负责人但未进行督促、追踪，未向诉求提出者告知工作进展，未就诉求解决过程中出现的问题向主管领导报告的，第一责任人与相关负责人承担连带责任。

（3）第一责任人已按规定要求落实首问责任制各项工作流程的，相关负责人及其主管领导对诉求未完成承担连带责任。

这个制度看似不合理，要求也很严苛，甚至有"连坐"的意思，但是激烈的市场竞争是不相信眼泪的，顾客也不会听你的抱怨与解释。在顾客看来，每个海底捞员工都代表了海底捞，顾客不管问题是否属于当前员工的管辖范围，只要问题没有得到解决，就是海底捞的问题。因此，只有每个员工都严格要求自己，才是对顾客负责。

我的金豆豆

几年前搬家整理物品时，我发现自己的金豆豆少了一颗，特别着急，到处翻找都没有找到，一下子心情就不好了。

后来好长一段时间，只要想起哪个地方还没有找过，我就会不自觉地去翻一下。我也特别奇怪，不就是一颗金豆豆，为什么这么上心，何况一共有两颗，掉了一颗家里还有一颗呢。

时间长了，也就没有找到的希望了。一天，我躺在沙发上想事情时猛然明白，我找的不是金豆豆，而是自己曾经的荣誉，是一种对自我的认同。

大家可能会问，什么是金豆豆？在海底捞，金豆豆就是一枚勋章，一枚印有海底捞 LOGO 的纯金奖章。

海底捞有一套完整的荣誉勋章管理体系，勋章类型包括紫金勋章、一级勋章、二级勋章、金豆豆、银豆豆。产生的渠道主要有优秀案例、创新定级、年度先进员工、冲 A 成功门店、其他。

荣誉勋章的评选标准如下。

1. 紫金勋章

✓ 董事长评定的杰出贡献者；

✓ 每两年评一次（年会前）。

2. 一级勋章

✓ 累计四次获得"A 级店"称号的店经理；

✓ 董事长认为其他可以表彰的情况；

✓ 每两年评一次（年会前）。

3. 二级勋章

✓ 累计两次获得"A级店"称号的店经理；

✓ 由董事会根据各部门的绩效情况分配名额；

✓ 每两年评一次（年会前）。

4. 金/银豆豆

集团各公司根据管理情况，自行制定本公司/部门的评选标准。

在具体的颁奖方式与奖励上，也有相应的明确规定，例如，一级勋章的颁奖要求如下：

✓ 公司统一组织；

✓ 办公会成员及获奖者的直接上级参加；

✓ 获奖者可带6名下属、两名亲友；

✓ 参会人员着正装且须佩戴所得勋章。

奖励内容如下：

✓ 配偶和子女国内外任何景点7日游；

✓ 水晶奖杯一座；

✓ 奖励现金5000元；

✓ 国内一流商学院EMBA（高级管理人员工商管理硕士）培训。

对于获奖者外出学习、旅游等事项的落实，由其直接上级在颁奖后1个月内进行沟通、确认。

在这个物质化的社会里，人们普遍很浮躁，有时也很焦躁。可能因为社会变化太快、压力太大，大家都急于求成，想用物质来证明自己。但事实上，在物质之外，每个人的心里都有一个美好的心灵家园，需要我们用心去装扮。之前，我们每个人可能都不知道它的存在，只有当大门被敲开时，我们才知道原来自己的心灵世界是如此贫瘠，这荒漠正等待着我们自己或别人来浇灌。

我想，海底捞的荣誉管理触及了我的内心深处。

相信，其他人的感受也和我一样！

请领导喝咖啡

在海底捞，如果有人犯了错，大家就会开玩笑说，"小心得请领导喝咖啡"。那么，什么是喝咖啡呢？海底捞公司的OA里确实有这样一个制度，准确地讲，是一句话：

凡海底捞店经理以上级别干部（含店经理）在工作中出现偏差时，总经理会邀请其去喝咖啡、聊天，一切费用自理。

我第一次看到这个制度时很是诧异，这哪是制度啊，就是一句话而已，太不严谨了。这应该是海底捞文字最少的制度了，比海底捞的"高压线"制度还简明。但海底捞提倡一切从简，制度也简单、明了，这也是海底捞文化的一部分。

在我看来，喝咖啡的形式很好，比简单的批评要有效一些。

首先，上级通过沟通指出下级的不足，并给予其指导改进意见。

其次，营造一种氛围，喝咖啡是大家都能接受的一种方式，比当众批评，或者在办公室一对一地沟通，效果要好得多。

最后，相关的人会通过喝咖啡受到教育，这才是喝咖啡的目的。因为费用都是由犯错的人承担的，所以大家对喝咖啡谈话印象会更加深刻。

海底捞门店也有自己细化了的喝咖啡制度，目的是帮助门店成功脱 C，发现并帮助骨干员工发现自身存在的不足，以提高其工作激情。

对象是在教练组考核中被评为 C 级的门店，教练组会邀请门店骨干员工到教练组所在地喝咖啡、聊天。要求参加的骨干员工共 10 人，包括店经理、大堂经理、后堂经理、值班经理、客户经理、两名领班和三名优秀员工。

店经理承担自己的费用及领班和优秀员工费用的 20%，大堂经理承担自己的费用，领班和优秀员工剩余 80% 的费用由大家共同承担。

对于喝咖啡时沟通的内容，海底捞也有明确的规定：

（1）门店出现这样的现状，是由哪些因素造成的？

（2）有哪些好的建议来应对这些问题？

（3）你所在的岗位多长时间能有所改变？

沟通的结果要形成文字并存档，公司会持续关注及跟踪进展，及时进行调整和纠偏。

由此可见，喝咖啡的文化就是培养人的文化、解决问题的文化，对员工个人而言，看似是坏事，实则受益无穷。

海底捞的民主

海底捞有一个保障员工权益的组织——海底捞工会。在这个组织里，员工能感受到海底捞的民主与自治。

我与工会的第一次接触是在某年的春节。苟轶群打电话给我说，马上过年了，大家回家心切，一定要帮员工买好回家的车票，员工才能安心上班。接到这个任务，我有些傻眼了，这么多人要买车票，这事怎么落实下去呢？后来我一想，不是有工会吗？于是，我直接给工会主席打电话。一通电话下来，心里的石头就落地了，因为工会主席告诉我，这事由他来落实，并且还说了每个区域的对接人，接下来如何通知大家，如何落实细节。我不禁感慨，工会的力量太强大了。

那么，海底捞工会的人员都有哪些职责呢？

工会主席主要负责片区工会主管、职能工会兼职主管的管理规范的制定、优化，以及人员的选拔、关注、指导和检查工作；负责与各部门协调组织工作，对员工反映的问题要及时向相关部门领导反映，并做好跟踪。

工会主管主要负责具体的事务，例如，关心员工的衣、食、住、行；了解员工的心理动态，主动与员工谈心；收集员工反映的问题（薪酬福利、宿舍管理等）；接待部门新员工；组织各项文体活动，丰富员工生活；参与员工纠纷的调解和申诉的调查；负责推动工会在基层的工作宣传和开展；从工会主管的角度发现基层员工中的问题和基层的管理问题等。具体到一些细项，可以参见表1-1。

表 1-1　工会成员现场检查的重点

项目	指标	衡量标准
集体宿舍	制度执行	明确宿舍长，而且宿舍长要尽到管理宿舍的责任
		门口有明显的宿舍标志
		员工的行为习惯要文明，如进门换拖鞋，按时就寝，手机调成振动，无扰民、吸烟情况，无不按时关灯、关电情况
	设备设施	宿舍的电器设备（如电脑、电视、饮水机等）可正常使用
	环境卫生	宿舍的整体卫生情况达标，包括垃圾及时清理，洗手间卫生、地面卫生等达标
		物品摆放整洁，如衣服、鞋子、被子、床单等生活用品摆放整齐、有序
		无异味，包括厕所、鞋柜、房间
	其他问题	宿舍温度合适，包括暖气或空调、棉被
		员工洗漱方便，热水够用
		宿舍物品无丢失情况
	文化墙的运用	文件制度的学习及执行，新闻信息的传播等情况
	消防隐患	屋内有灭火器，且灭火器没过期
		不乱接电线，安全使用燃气，不使用违禁电器
双职工宿舍	居住环境	能满足冬暖夏凉
		用水、用电、洗漱便捷
		通风、无异味
	安全隐患	屋内有灭火器，且灭火器没过期
		不乱接电线，安全使用燃气，不使用违禁电器
		门锁、窗户完好

续表

项目	指标	衡量标准
员工餐	节约意识	能根据当天需求量做饭
		浪费现象方面，不存在员工倒饭现象，除当天员工餐口味不好的因素外
	口味需求	员工餐品种丰富
		符合大部分员工口味，即员工满意
	信息收集	了解员工的困扰和意见
亲情化	职业病	手烂、脚烂、嗓子哑的员工在用药，较为严重的得到医治
		特殊岗位（导致职业病）的员工有轮岗安排或计划
薪资意见	工资	员工自评和部门负责人评价有差异，且沟通未达成一致者
	骨干奖	对骨干奖发放、评定及其他方面的意见
制度	及时性	新颁布的与员工利益相关制度的传达、宣讲的及时性
	实施性	员工享有公司提供的福利制度
	意见性	员工对公司制度的意见
管理的有效性	问题落实的及时性	对于员工反馈的问题落实及时、沟通及时、处理公正、奖罚及时

从上面的职责中可以看出，海底捞的员工在工作、生活中遇到了困难，或是碰到了不公平的事情等，都可以找工会，工会会尽力解决员工的问题。

曾经有一个比较典型的案例，暑假期间，门店员工的孩子想跟父母在一起，可是父母要上班，怎么办呢？工会就想了一个办法，把年龄相仿的孩子组织到一起，给他们找老师辅导作业。这样既解决了亲情化问题，又解决了孩子的教育问题，做得非常贴心。

上文谈了工会成员的职责，接下来再谈谈工会成员的产生流程。通过工会主席的选举流程，可以了解一下海底捞的民主和自治。

1. 选拔标准

（1）符合下面两个条件中任一条即可。

①现任工会组长，一年内在所在片区/部门工会工作排名前三（结合工会小组月度绩效考核结果）。

②现任管理岗位，曾经担任工会组长一职。

（2）具有发现和解决问题的能力。

（3）有集体责任感和荣誉感，与同事关系融洽、和谐，乐于助人。

（4）认真执行海底捞的各项规章制度，无任何违纪行为。

2. 选举程序

（1）候选人的产生，由总公司工会依据选拔条件进行人员筛选并与其沟通确认，如个人自愿放弃，则顺延增补。

（2）候选人资格审查，由集团工会根据工会主席选拔标准进行资格审核。

（3）候选人信息公布。

①每个门店/部门在信息栏内张贴候选人信息，加强员工对候选人的了解。

②候选人信息张贴周期为 7~10 天。

③信息张贴期间，员工可以以短信或邮件的形式向候选人提问题，问题由集团工会统一收集后交由候选人进行回答。

（4）竞选演讲，由集团工会策划演讲方案，对后期所辖工会区域逐个进行竞选演讲。演讲内容包括自我介绍、对工会的认识，以及当选后的做法。

3. 投票选举

（1）门店/部门工会组长组织员工投票，并对候选人信息进行简单概述。

（2）播放候选人针对门店/部门的问题进行回答的录像。

（3）门店/部门工会组长组织员工投票，投票结果现场密封于档案袋，并交予总工会指定人员，由集团工会组织人员计票、唱票。

（4）公布票数最高者为工会主席，并上报集团工会主席。

4. 选举注意事项

基层员工超过 2/3 以上参与投票，以匿名的方式进行。

这个程序看起来没什么特别，一些国企、事业单位的选举都是这样的。但是，很多民营企业不一定会这么做，这样会很耗费资源，特别是竞选演讲、拍视频等工作。

什么是公平？程序的公平就是最大的公平，海底捞基本保障了公平的落实，在公平前提下的民主才是真正的民主。

海底捞工会的民主是海底捞管理的一个缩影，窥一斑而知全豹，在这样的民主制度下，大家才会觉得真正地做了回主人。

◉ 我相信

以前我一直在想，如何表达对海底捞文化的看法与感受，后来我读了一首咨询师写的诗——《我相信》，觉得非常好，能贴切地表达我的内心感受。于是对其进行了改编，写了海底捞版的《我相信》，并在蜀海公司的年会上朗诵。在朗诵的那一刻，我感觉到了相信的力量。原来相信也是一种能力，就像"爱"也是一种能力一样。

我相信你的一次口头承诺，

如果只有在确定不会被欺骗的时候才去信任，世界就没有了信任；

如果只有在明确有所回报之后才去爱，最美好的爱已经无声流失；

如果只有在看清楚了结果之后才去行动，最佳的行动时机已经错过。

我相信即便可能被欺骗，也要给出第一份信任；

我相信纵然可能没有回报，也要投入真诚的爱，承担起应负的责任。

我相信七个不放过定能解决令我们烦心的问题；

我相信海底捞的催办定能全面提升我们的执行力；

我相信制度化管理、流程化操作定能成为现实。

我相信人人都有慧根和那朴素无华的真善美的本心；

我相信在你、我、他的灵魂深处，睡着美丽安详的天使、
愿意担当而且能够担当的英雄主义雄狮；
我相信每一个海底捞人都能成为栋梁之材，担当大任；
我相信双手改变命运的价值观在海底捞定能实现。
这些不是只有我相信，而是你、我、他都相信。

我不知道"相信"最终能否为我们结出名利和富贵的果实；
但我知道，因为相信，我们将不再焦虑，
不再流浪，不再蝇营狗苟和患得患失。

我相信我自己；
我相信阳光和空气；
我相信我的未来不是梦；
我相信工作的双手、思考的大脑和爱的心灵！

我相信生命的动人乐章总是会奏响，
就像我们相信春天一定会到来、花朵一定会绽放；
我相信我们这些海底捞的凡夫俗子终究有一天也会变得美丽可爱或者
伟岸崇高，
就像我们相信山自高兮水自深，百花落尽春无尽。

关于企业文化建设，进行量化的评估确实不太容易。但是，如果从定性的角度来评估，却是一件非常容易的事情。在海底捞，大多数员工对于诗里面的内容都是相信的，如果不相信，就证明海底捞的文化建设没有做好。同理，要检验员工对公司的认同感，只需问这个公司的员工是否相信公司的理念和核心价值观。如果大多数员工不相信，那么这个公司或多或少都存在一些问题，管理上需要进行改善。

　　员工相信公司，并不是一件容易的事情，但是一旦员工相信了公司，就会不自觉地全身心投入，这种能量是无穷的。如果非要用一个理论来解释，我想应该可以用以下这个公式：

绩效 = 能力 × 意愿

　　因为简单，所以相信；因为相信，所以愿意！

海底捞大学

在海底捞，有一所学校是几乎所有人都要去上的，那就是海底捞大学。对于一些学历较高的人来说，这所大学可能没什么；但对于一些没有太高文化水平的一线员工来说，还挺珍惜去这所大学学习的机会的，很多人会自豪地说："我从海大毕业了！"

大家可能好奇，海底捞大学究竟是一所什么样的学校？它的定位是什么？

"双手改变命运"是海底捞的核心价值观：崇尚"人生而平等"，为员工能用双手改变命运创造一个公平、公正的工作环境，让员工在海底捞大家庭中通过自己的努力找到人生的起点。

"智慧成就梦想"是海底捞大学的办学理念：决定一个人一生成就的并不是知识、专业、文凭，而是智慧。智慧是经验的结晶，智慧是用最佳方式追求最高目标，智慧是创新的源泉。海底捞大学是智慧的传播者、梦想的加油站、海底捞人的精神家园。

下面是张勇在海底捞大学的一段讲话，我们来看一下，海底捞的创始人是如何看待海底捞大学的。

我们要感谢祖国这三十几年的高速发展，感谢广大顾客对我们的厚爱，同时也要感谢无数海底捞人的艰苦努力，让我们有了一个又一个火锅店和物流中心。所有的这一切让我们对自己的未来产生了无限遐想：我们多么希望每一个海底捞人都能靠自己的诚实、善良，获得消费者发自内心的赞叹；我们也希望每一个海底捞人凭借他自己的艰苦奋斗，给家人带去自豪的微笑；我们还希望每一个海底捞人都有机会在海底捞公平竞争，用自己的智慧和成功换来"下一代"不再贫穷。

我注视着这些目标，然而在我们的日常工作中，总是有那么多的不如意，在这项伟大的事业前面，我自感十分渺小，要不是在座各位每天都在用默默的奉献提醒我，命运终将被自己改变，我真的要心灰意冷了。因此，我鼓起勇气期待你们的支持，这种支持将使我们同舟共济，在残酷的市场竞争中平安航行。

众所周知，海底捞人的核心工作就两点：一手抓顾客满意度，一手抓员工激情。在十多年的打拼中，我们拥有无数的经验与教训；在大家的努力下，我们把经验与教训变成各种制度、流程，以及各项绩效考核的指标。然而，由于每个人的年龄、经历不同，对这些制度的理解千差万别，执行的结果也让人啼笑皆非。

我们希望建立一个常设的培训机构来解决大家所谓的"茫然"，在这个机构中，老师、学生都要敞开心扉，可以讨论，甚至是激烈地争论，迫使那些不擅长独立思考的人把自己的想法说出来或写出来，并用实际的业绩证明自己的观点是正确的，然后再回到课堂上，以公司的名义将这些讨论形成教材。很显然，我强调的重点是，我们的培训体系是和我们的行政管理体系高度结合的，只有在日常管理中成功地做到弘扬责任感、勤奋和与人为善，并精确地打击推诿、懒惰和自私自利，我们的培训才有意义，否则一切努力都是白费。

最后，让我们一起祈祷：祈祷我们的祖国繁荣昌盛，祈祷我们"双手改变命运"的美梦成真。

2010 年 5 月 1 日

读了张勇的讲话，大家对海底捞大学的定位应该会有一个基本的了解。

那么，海底捞大学究竟教什么呢？如何教？这应该是大家比较关心的问题。

在海底捞大学，教什么内容是根据具体的学习对象决定的。对于新员工，主要以企业文化为主，让海底捞人现身说法，通过自己在海底捞的成长经历，讲述海底捞的历史及海底捞人的特质。如果是门店新员工，还会讲授菜品知识、宿舍管理要求、人事制度、仪容仪表规范（海底捞还请了理发师到培训基地，给男生理发）等。培训这些基本的应知应会，保证了每个员工都能顺利地融入集体。由于一线门店的工作比较辛苦，所以新员工在海底捞大学集中培训几天后，会被分配到门店实习一周进行适应，这期间会有师傅对其进行辅导，然后员工与公司再进行双向选择，彼此都觉得合适的话就可以留下来工作了。

对于老员工，主要是指主管以上的骨干，也参加海底捞大学的培训，这种培训被称作升迁考。每个需要晋升的干部，除了要通过业绩考核、民意测评外，还需要参加海底捞大学组织的培训（包括轮岗）并通过考核，才能被正式任命。具体课程方面，除了包括管理者的通用技能（角色转换、绩效管理、时间管理、有效沟通、项目管理等）培训外，还有公司个性化的课程，如七个不放过、岗位工作流程、会议管理、阳光心态、如何点燃员工激情等。

去海底捞大学上课，既是对个人的一种认可，也是一种荣誉。在这里不但可以收获知识、技能，结交到朋友，而且有一个额外的收获——海底捞大学毕业证，可以发朋友圈告诉大家：我大学毕业了。

在我看来，海大就是"播种机"，在每个伙伴的心里播下了企业文化的种子——双手改变命运；海大就是"宣传队"，告知每个伙伴海底捞的规矩；海大就是"复读机"，把各种技能传授给每个伙伴。

海底捞今天的成功，军功章上也有海大的一份功劳。不管是以前、现在，还是未来，海大都将在海底捞经营人的道路上扮演一个不可或缺的重要角色，伴随着海底捞的伙伴们一路向前。

CHAPTER
02

第二章

三思而行

三思，思什么？

思危，清楚地认识自身问题；

思避让，回避风险，化危为机；

思变，变则通，让企业常葆勃勃生机。

而后行，方能提出有针对性、时效性的方针。

何为三思？

随着海底捞的快速发展，其规模迅速扩大，公司内部也出现了一些"大企业病"，工作总结与汇报有报喜不报忧、夸大成绩、忽略问题的倾向。为应对日益激烈的行业竞争，克服公司规模日益扩大可能引发的危机，海底捞要求全体管理人员要居安思危、务实求真，要做到有思想、有深度、有危机感、有忧患意识，推行"三思而后行"的总结计划模式。

所谓"三思"，是对过去一段时间工作的总结与反思。

一思危机：常怀忧患意识。意识到市场竞争、行业竞争的激烈，清醒地认识到海底捞内部的问题，以及自己部门的不足。

二思避让：扬长避短。认识到如何回避、防范市场风险，以化解海底捞危机。

三思求变、求新：常葆勃勃生机。"不变则亡"，是一个普遍的真理。海底捞发展的历史可能让企业内部许多人故步自封、因循守旧、不思进取，这是海底捞生存和发展的大忌。在瞬息万变的商海中，只有求新、求变，才能立于不败之地。

所谓"后行"，是指公司管理人员在前述"三思"的基础上提出的符合实际情况、有针对性和实效性的行动方案和行动计划。

为了加强管理人员对外界同行相关信息的了解和掌握，海底捞要求管理干部要对所管区域内同行业的情况进行分析。

"三思而行"实际上是一个管理工具，是对工作总结与计划进行格式化，像命题作文一样，让大家不能跳出框框、随意发挥，避免工作走形式，避免员工好大喜功、避重就轻。大多数公司都会要求员工写总结，甚至要求员工在会议上进行汇报。但是，我相信大多数公司的管理者都没有认真考虑过，为什么要写总结。这个问题乍一看很幼稚，但是仔细一想，又有点意思。

会思考是我们一项重要的本领，如何思考则是一项重要的技能，凡事要刨根问底，要有十万个为什么的精神，这样我们才会进行深度思考。我曾经觉得，凡事都要问为什么是浪费时间，直到一次对话改变了我的看法。

苟轶群问采购人员，为什么要买辣椒？

我当时觉得这个问题就是废话，浪费大家时间。海底捞是做火锅的，当然要买辣椒！

可是苟轶群接着问，顾客需要的是辣椒吗？

这个问题就有点意思了，仔细思考会发现，顾客需要的不是辣椒，而是"辣"，只是辣椒有"辣"的味道罢了。如果顺着这个思路去思考，可能就会有辣椒的替代品出现了，采购人员买的是"辣"这个味道，而不是辣椒本身。

在之后的几章中，我特意选取了四个"三思而行"的案例，帮助大家了解海底捞的高层与中基层员工都在思考什么。

迷路了……

现在，海底捞已经算是一个全球化的公司了，在英国、美国、加拿大、澳大利亚、日本、韩国、新加坡等国家和地区都开设了餐厅，并且开店速度越来越快，海底捞还计划向更多的国家挺进。作为旁观者，大家只是看到了海底捞的成功，却看不到海底捞在国际化创业初期的举步维艰、从零到一的痛苦过程。世上没有无缘无故的失败，也没有无缘无故的成功，每次成功的背后都会经历无数次的磨难。这里选取海底捞国际化的开拓者，也是海底捞的核心高管袁华强的一篇"三思"文章。该文章讲述了海底捞美国店经营遇到的困难，关于该如何继续走下去，他感到迷路了……但从字里行间我们还是能深深地感受到，一个海底捞人朴实、坚韧不拔与永不放弃的精神。

今天是美国时间 2014 年 1 月 1 日，却丝毫没有万象更新的感觉。虽然美国店的生意比上月好一些，12 月卖了 45.8 万美元，但在这种表象背后，我感到危机四伏，看到了更多顾客失望和不解的眼神。我觉得这是在透支公司品牌的前提下勉强维持运营。

美国店马上进入运营的第五个月，虽然在成本控制和员工排班上比以前有一些改善，但对于服务品质还是没有从根本上找到一个好的解决办法，至今还在苦苦挣扎。无数次的徘徊，思来想去，根源还在于"我"本身。

关于在美国开店，我一开始盲目自信，就像一个刚学开车之人，胆子特别大，也就是所谓的"无知者无畏"。但随着驾驶经历的增加，开车之人会变得越来越谨慎。

随着对美国的了解越来越多，我们越来越觉得按目前的状况和做法，前面的路不是越走越宽，而是越走越窄。这不禁让我联想起王品牛排2003年在经历了3年的惨淡经营，赔了500万美元后又重新回到中国台湾；北京全聚德也是经历了一番失败后回到中国。

那么，我们目前具体有哪些问题呢？

第一，我对美国客户和员工的理解过于表面和肤浅。关于客户，我们有两种选择：一种是纯中国客户，另一种是美国主流客户。不论哪一类客户，如果我们不改变策略，按现状继续维持，那么走下去会非常艰难。如果纯粹选择中国客户，员工招聘、培训、考核、定级、晋升都照搬国内的做法，那么组建员工和骨干，以及稳定情况在短时间内显然无法完成。由于语言障碍和信息闭塞，海底捞无法真正融入当地主流文化，因此招聘渠道就将我推入了一条很窄的胡同，对于员工的管理非常被动，经常出现上班时间到了，员工却来电话找各种理由说不能按时上班，或者员工到点下班了，工作却不能按时完成的情况。工作经常出现脱节，不停"救火式"做弥补工作，导致管理的混乱和顾客的抱怨。员工吃苦性差、持久性差，生意好一些就叫"累"。对于员工来说，损失无非是减薪或被开除，但在美国找工作对于他们来说并不是特别困难的事情。大部分员工，35岁以下的均在学习各种技能课程，35岁以上的把大量精力放在家庭和孩子身上，工作只是一个兼职（因为有政府的福利保障，他们不会过多考虑生存和养家的问题）。因此，在没有形成坚固的骨干团队和小时排班管理制度的情况下，我要通过严格要求和考评员工来达到保证顾客满意的服务品质确实很难。

随着在这边工作时间的增加，我们的客户中讲英文的越来越多。我发现他们对环境的要求、对口味的要求，以及对服务专业性的要求，从整体上来看就是他们所说的美国式服务，比我们原来认为的要简单，但更为严格和挑剔。例如，他们对酒的要求，不同酒类需要不同的器皿，对器皿的品牌、大小、温度都有要求；对肉的要求，他们对不同肉类、不同的部位、产地都有要求；对服务礼仪的要求，先上什么后上什么，以及对员工仪容仪表的要求，这些都比原来顾客的要求更细致。除了态度要好，体现的服务还必须更专业。而现状是真正的海底捞没有做像，美式服务又迟迟拿不出办法。事实上，通过和老顾客沟通我们发现，老顾客也不希望我们把他们强行拉回中国式无微不至的服务。

第二，我对美国文化的理解过于肤浅。美国是一个极其讲究规则的国家，所有事情都需要在项目立项前将规则、预算、盈利模型、市场前景想清楚，研究透后才可以做决定，然后按部就班地执行，一旦前面错了，后面再掉头就会非常不容易，损失也会非常巨大。

经历了几次食品卫生的突击检查和劳工方面的培训，虽然都侥幸过关，但每次都触目惊心，稍有不慎便会面临关门和巨额赔偿的风险。如果遇到了问题，网上再大肆炒作，那么后果真的不堪设想。

因此，在食品卫生和劳工风险方面，我们花了大量的人力去学习和培训，支付的费用也比一般的餐厅更高。由于美国法律太多太细，几乎所有的动作都有法律规定和保护。我们刚刚接触美国法律几个月，我相信更多、更深入的法律问题和风险会越来越多。

我们在美国开店，客户定位其实只有一类，那就是美国主流客户，即使是中国客户移民到美国，也大多数接受了美国的文化、教育，当然也包括美国主流的餐饮文化。因此，关于海底捞美国店的管理，我建议寻找一家当地管理不错的餐饮公司进行合作，从职业经理人到骨干大换血，公司只在资金安全上把好关，这样可以从招聘、培训、员工管理上彻底打通，通过美式服务吸引顾客。美国是一个讲究诚信的国家，只要我们把规则讲清楚，我认为是可以的。

如果找不到合适的公司合作，那么可以聘请一个职业经理人接手，双方说好各项服务标准和规则，大胆授权和不干涉太多，公司提供资金和原料支持，盈利以后拿出部分做奖励分红。

　　张大哥、杨姐，吃苦我一点都不怕，我永远不会忘记我来自哪里，再苦再累也没有我小时候受的苦和穷多。我现在担心，公司把这么重的一个担子交给我，如果半年或者更长时间我闯不出一条路来，那么公司的损失将是巨大的、无可挽回的，特别是机会成本。如果公司批准我的建议，我更多时间还是会待在美国。如果我们成功了，至少我目前想到的是美国的卫生管理标准比中国更高、更细、更具体，也更务实。假如有一天我们全中国的海底捞卫生标准执行的都是美国标准，我相信我们的品牌美誉度会增加。美国的排班模式我现在虽然还在摸索，但我相信以后一定是全世界最棒的模式，因为美国的人工费太贵（差不多是国内的 10 倍），所有的企业都在为减少人工、降低人员管理成本而不停地努力。

　　今天是 2014 年的第一天，我不得不再次为我从 2011 年到 2013 年犯下的错误和引发的混乱，以及为公司造成的损失道歉。虽然我尽力了，但还是让人失望和沮丧，"对不起……"也为包括二位在内的众多同事不离不弃的陪伴、鼓励和帮助表示万分感谢！

　　看了袁华强的"三思"，我心中不禁荡起一丝涟漪，感慨于袁华强在困境中的坚持；感慨于海底捞有一群在困难面前永不放弃的干部；感慨于守业难，创业更难。我相信，海底捞在从一个路边摊发展到员工达数万人的企业的过程中一定遇到过不少十字路口，肯定也曾彷徨过，迷路过。在每个重要的关口都曾经历过无数的磨难和精神的煎熬。正是每个海底捞人不断地艰苦奋斗，不断地反思，直面问题、解决问题，才能在每次迷失方向的时候找到正确的航向。

　　三思而行，让每个前行中的海底捞人不再迷路。

抓管理，促业务

国际化业务部分，我们看了袁华强的一篇关于美国店的反思文章。下面我们再来看分管二线部门与蜀海、颐海等新业务部门的另一位高管苟轶群的一篇"三思"文章（基于原文对内容进行了部分整理）。

一、管理工作与团队建设

1. 员工投诉

通过近期员工的三次投诉，我发现自己在人员日常管理中还存在很多的不足。主要体现在对基层员工的生活管理不关注、不细致。

对此，短期内可采取三项措施：（1）在所管部门内做一次全面的员工满意度调查，搜集员工对管理工作的不满；（2）加强对部门主管领导的要求，让他们主动下到员工当中，搜集员工的意见；（3）加强工会工作，让工会的监督职能发挥出来。

2. 绩效考核工作

（1）考核工作：针对前期考核方式做出调整。首先，在考核指标中加入执行力，并将考核分为基础业务、重点工作和客户满意度；其次，简化考核衡量方式，由原有的五级考核简化为三级。

（2）绩效沟通工作：每季度的考核结果与每月绩效沟通结合起来，如果前期工作中的绩效沟通不足，就无法保证方向的统一性和解决问题的及时性。

（3）考核结果运用于工作中：在与薪酬挂钩的基础上，加入末位淘汰机制，本期淘汰两名经理并降级一名副部长。在下期工作中，将在自己管理的业务部门内部全面推行此制度。

3. 学习与创新

（1）命题创新：在保持原有创新管理方法不变的基础上，增加命题创新，希望能让大家在创新中聚焦核心项目。

（2）学习小组：重组学习小组，将相同的业务单元人员组成一个小组，并要求各小组明确自己的标杆学习对象和学习方向，避免学习的形式化。

（3）物流方面，成立工业工程组：针对物流加工和仓储中的核心技术与大型设备创新必须是系统性工作的特点，成立了工业工程组，二季度将速冻及解冻技术作为攻关的重点。

4. 落实制度化管理、流程化操作

问题发生后，当时是有解决方法的，但问题总是不能被彻底解决，重复发生问题的现象很严重，如发货差异率到了一定阶段后很难再降低。更严重的是，有些问题长期得不到解决的原因是大家都不认为自己应该做主，因而相互推诿，如主数据管理中存在的物料号的设置问题。

解决方法：确保解决问题的时候，没有制度的要制定制度，有制度的要让制度优化和细化，具体措施有三点。

（1）落实七个不放过的管理方法。自己首先按照七个不放过的方法反思每天的工作，发现、思考处理中的一些问题。要求各部门主要领导也按照这个方法执行。

（2）确认岗位职责和工作流程。管理人员没有履行自己的职责，是现在管理效果不佳的主要原因之一。管理人员没有在实际工作中按照自己的职责完成管理的要求，有些是重业务轻管理，有些是工作出现漏项。从上月到本月，从他们的工作职责和流程的完整性开始优化，重点是监督他们的执行情况。

（3）控制节奏，进行制度化检查。前期工作中存在注重做事过程而不注重结果的现象。在下期工作中，要控制各部门工作中新任务的数量，把效果作为工作的重点。主要检查每项工作的落实情况和制度的履行情况，并做好跟进检查工作。

二、业务管理工作

1. 财务管理

（1）业务支持。

与门店管理层明确财务的成本控制点，让财务逐层与门店的管理层结合在一起。从集团总部、火锅事业部、小区、门店几个层面，根据不同层级的管理需求，由财务提供不同的管理数据和预警标准，让财务工作和日常管理工作结合得更加紧密。

（2）成本控制。

由于前期对区域财务管辖的调整造成管理的弱化，同时财务部在此项工作的推动上存在协调性不足的情况，因此造成此项工作退步比较大。主要需要做以下工作：① 基础数据整理；② 日常工作监督；③ 统筹分析。

方法主要是，落实责任到人及提高评估标准。

2. 蜀海物流与加工工作

（1）品控管理。

本期主要是希望通过与摩的公司的合作，将物流品控工作的流程化和系统化工作落实，以防止出现依靠人来防范风险的状况。项目在实践中存在的问题是，最低层的工作没有落实到位，流程不够细致。下期工作的重点在于对品控工作的细节做监督检查，确保流程的有效性。

（2）生产环节。

生产环节存在两个方面的问题：一方面是 400 个加工品项导致工作的复杂度过高，现场管理难度太大；另一方面是核算不够清晰。因为产品复杂，很多核算不够细致，所以给精细化管理带来了一定难度。

目前正在做的工作及下个季度的重点工作是，通过对 SAP 核算中的不细致问题进行梳理，改善核算不清晰的问题；将非核心产品外包，或采取员工创业的方式，将非核心产品剥离出生产体系，只保留有核心价值（技术核心及工艺核心）的产品。

（3）仓储、配送环节。

成本是核心问题。关键是要解决操作的便利性问题，这要从采购源头和设备流程两方面入手。本期工作的重点在于解决一物一码的问题，下期的重点放在产品包装定型工作上。只有一物一码的问题解决了，效率才可能提升。

（4）蜀海销售工作。

①定型包装（这项业务后来从蜀海公司独立了出来，成立了颐海国际，并在中国香港上市，市值约 500 亿港元）：本月有经销商年会，要督促达成一致的与供应商利益分享机制，实现厂商价值一体化，这是定型包装业务长久稳定发展的重点之一，本月拿出初稿（公司聘请了专业的管理咨询公司）。

②中餐标准化：上月 7-11 毛利出现问题（蜀海在 7-11 销售便当），本月要找到毛利不稳定的原因并拿出解决的方法；针对以门店为据点开展的午餐配送业务，本月调研完成并拿出试点实施计划。

③供应链：现在供应链业务主要处于解决核心难点的阶段，由于为自己服务和为客户服务在很多环节上有困难点，因此本月重点解决财务问题。

④产品中心：新品研发环节的流程不清晰，是造成本次牛肉酱上市延后的原因，本月必须完善此流程。

总结：蜀海对外销售业务的管理中存在的问题较多，包括人员培养、管理架构、业务模式都有很大的改善空间。总体还是有信心通过一段时间的努力，将对外销售提升到一定水平的。

（5）信息部工作。

① SAP 工作基于前期数据准确性不够的问题，请了一个外部顾问，组成信息、财务、物流三方结合的工作组来解决问题。

②门店建设，APP 的问题表明前期工作做得不扎实，需要自我反思；前期的系统都是以系统本身为出发点的，对于客户的展示层面思考不多，尤其是没有深刻理解到现在的智能移动终端的快速发展，导致工作有些滞后。

从上面的"三思"文章中我们可以发现，整个"三思"过程主要从管理与业务两个维度展开。其中，管理的维度尤其侧重员工满意度、绩效管理、学习与创新、流程制度建设。本书后面的章节也会对这些维度进行重点介绍，因为这些是海底捞管理工作中的重中之重。

◉ 以客户需求为中心

海底捞非常重视流程制度建设，并提出了管理方针：制度化管理、流程化操作、数据化考核、跟踪式监督。为此还专门成立了流程管理部，对海底捞的流程制度进行管理。本节整理了流程管理部主管邓志娟某月的一篇"三思"文章，大家可以了解一下海底捞流程管理部的员工都在思考什么。

我们的饭碗是客户给的，因此要不断抓住客户需求，为客户提供有价值的服务。作为海底捞流程制度建设的管理部门，同时又是服务部门，必须时刻牢记客户需求，不断对需求进行挖掘、挖掘、再挖掘，然后在工作上不断精进，深入、深入、再深入……

一、思危

1. 流程制度宣讲不力引发的问题

裁决案例库管理办法，7月2日就已公布，到目前为止却未收到一篇裁决案例的提报。分析原因，除了职能部门不愿意暴露问题，一线人员自己上传OA讨论话题版块外，另外一个原因应该是未宣讲，未能引起各方重视。

流程制度创新管理办法，虽然前期有录音宣讲，此项工作也已经开展了四期，但到现在还是有很多人会对奖罚款计算方法提出疑问，此外还有提报信息不按模板、不提交到指定邮箱等问题出现，造成工作时间消耗。

以上仅是两个举例，流程管理部的民意测评也表明我们的宣讲工作还有不足，各主责部门都深受宣讲不力之苦，因此我们还应该加大力度做宣讲工作。

2. 工作效率与时间紧张问题

我查看了自己本月的工作时间，发现记录的有效总工时是 165.5 个小时，仅流程制度创新管理工作就耗费了 71.5 个小时，几乎占了月工作时间的 50%。其余时间分别被裁决案例、流程制度制定与优化、审阅发文、切入一线业务、部门内部工作、咨询投诉等其他工作占据。再加上一些无法记录的零星工作时间，自己在正常工作时间范围内的工作安排上有一些紧张。就流程制度创新管理一项工作而言，所占时间太长，因此影响到分配给别的工作的时间和接手新的工作任务。提升工作效率，是目前迫切需要解决的问题。

3. U 鼎流程制度建设需求的大幅度改变

8 月初，接到 U 鼎流程制度建设的需求，我花了超过 1/5 的月工作时间对 U 鼎资料进行研读，对现状进行调研分析，制作前堂操作手册等。为了服务好客户，我们比客户表现得更积极。当前堂操作手册制定好并交付时，客户表示可缓一缓，因为 U 鼎运营模式后期可能进行大的变革，也就意味着流程制度建设方面的需求会有大的改变。因此目前做的东西，面临着被推翻的危险。

4. 海底捞（中国）流程制度优化的紧迫性

原教练组变革为海底捞（中国），组织结构发生大的改变，40 多个流程制度显然大部分都不适用。例如，"门店业务与管理优秀案例"的收集和评价原来由教练组负责，现在就需要改成由小区经理办公室负责，否则制度无法执行；同时，各职能部门主责的与原教练组相关的内容也需要及时修订，否则会出现因找不到对接或审核部门而一团乱麻的现象。因此，尽快帮助一线修订完善牵涉原教练组变革的流程制度的工作迫在眉睫。

5. 个人成长危机

（1）流程设计的专业能力相对不足。

针对这个问题，我也在不断反思，意识到能力是在"干中得到提升"

的，虽然工作分配让我的主要时间不在流程设计这块，但为了提升自己的能力，我只能挤出时间来接触流程设计的工作，因此主动接了品牌部"新店门头广告招牌制作流程""门店消防、法务、食品安全相关标牌设计、制作、张贴的工作流程"的设计工作，同时也试着多做本部门的流程设计。经过几次亲历亲为的接触，我对流程设计有了感觉，也能熟练使用专业工具。

（2）用PPT呈现报告的能力有限。

针对此点，我特意买了《说服力：让你的PPT会说话》一书来学习，还研读了桂生发的学习材料《PPT制作观点示意图》《2010如何成为真正的PPT高手》等。为了学习并实践，我做了裁决案例库宣讲材料、流程制度创新管理办法宣讲材料等，巩固PPT制作知识，在PPT的逻辑结构、美观、简洁这方面上，能力也有了提升。

二、思机

1. 建立信息系统，提高工作效率

通过催办系统短期解决不及时问题。对于主责部门审核创新信息回复不及时和采纳后修订不及时现象，可以利用海底捞不久前开发的催办信息系统。这个想法来源于前几天与教练组同事的接触，了解到他们在用催办系统做信息催办，后面还特意与云峰一起做了催办系统功能的试验。虽然试验结果不尽如人意，但总比没有工具好，在上期例会上也再次建议先用这个短期办法。

开发流程制度创新管理平台，解决流程制度创新审核与修订不及时、费时、错误率高的问题。新办的管理平台已经正式上线了，以信息管理部开发的业务创新管理平台为基础，我们提交了《流程制度创新管理平台需求说明》，希望能尽快与信息管理部沟通开发流程制度创新管理平台一事。

2. 切入业务服务一线

毫无疑问，职能部门都应服务于业务部门，而海底捞最大的业务部门

是一线门店，我们却迟迟无法切入。前期例会中王老师（人力资源部部长，王奋）提出从人力资源部的干部管理工作切入，于是我参加了3期干部管理小组会议，也下店了一次，但到目前为止仍无太大收获，看来还是一个"难"字。这个方式会继续尝试下去，虽然可以学到一些东西，但也不能不想其他出路。

经过与教练组沟通，得到一个启示：主动出击。教练组的信息小组有所有一线员工的手机号码，我可以尝试通过短信平台收集广大一线员工对流程制度的投诉或需求，此为切入点一。

另一个方式就是，对新店流程执行情况进行调研总结。虽然新店的执行监控及优化工作交给了工程管理部，但流程管理部可以对该流程的执行情况进行检查，此为切入点二。

今天的部门同事碰头会给了我一个信息资源，通过下店我们发现，一线有教练、店经理、领班、客户经理、值班经理工作流程，却没有库管、文员等工作流程，这是流程的缺失，流程管理部可以将其完善，这是切入点三。

3. 抓住U鼎流程制度空白时机，服务好大客户

虽然U鼎模式未稳定，建立好的流程制度也存在被推翻的危机，但从另一方面来看，也可"转危为机"。因为现在的流程制度可以说是一张白纸，在什么都没有的情况下画什么都好，只是随着模式的改变，需要同步改变流程制度的版本。另外，海底捞火锅已有的许多流程制度是U鼎可以借鉴的宝贵资源。

4. 紧跟一线变革契机，找到工作思路

8月，我花了5天时间参加一线重要会议。"时间不是白花的"，我相信这句话。通过5天的会议及与一线相关人员的沟通和交流，我分别了解到小区经理的产生过程及标准、新店开业流程（一线工作手册）、效益工资制度、师傅带徒弟制度、提升包间服务、推动深夜班工作、等座不枯燥服务等。

凡事靠人做，大规模优化一线流程制度并非是仅凭流程管理部一己之力可以完成的，因此首先需要借助王老师之力，确定一线对接人、一线与我这边工作的对接关系。有了对接人，接下来的创新审核、流程制度优化等工作都会相对顺利一些。

与杨波老师针对一线流程制度的修订完善工作正在进行中，基本上已明确了哪些需要撤销、修订、重新建立，哪些比较紧急、重要需要先修订先发布，然后分批次完善后再发布。

5. 开发流程制度创新信息管理平台

经过 5 期流程制度创新工作的实践与摸索，此工作的思路与流程已基本趋于稳定，但用 Excel 操作许多表格，几乎耗费了 1/3 人力。因此，建立信息系统帮助提高流程制度创新工作的效率，目前是最佳时机。8 月已向信息部提交《流程制度创新管理平台需求说明书》，9 月初收到信息部对需求的评估，接下来要进行详细的需求沟通。

三、思行

1. 了解一线业务

上述"思机"部分讲了几个切入一线的点，但都不是根本点。目前一线正处于变革期，又给了我一个更明确的切入一线的契机：跟紧几位掌握一线重要信息的人员，如谢姐（海底捞中国副总，谢英）、王奋、杨波老师、钟琴、蒋冰遇、袁硕等，用心地了解一线业务，发现其中的需求，并做出服务响应。自己要做的是，多付出一点时间，多跑动跑动，多与一线相关的人和事接触，主动发现一线需求；多学习同行业优秀做法，多提有效、可行的方案。

2. 流程制度创新管理平台上线需求沟通

要多切入一线，就要解放自己的时间，优化自己的工作，因此流程制度创新管理平台上线的需求沟通也势在必行。

关于流程制度创新管理平台的建设，要与信息管理部进行反复、多次的沟通，将需求明确化。

3. 裁决案例提报的造势

为加深裁决案例库在海底捞员工心目中的印象，前期已在 OA 版块上做了建设，但反响并不是很强烈。此次借表彰《海底捞对外债券投资》裁决案例之机再次造势，同时给各部门发邮件进行"裁决案例提报"的温馨提示，激发各部门的提报热情。先要有足够多的案例，然后才会有足够的裁决案例培训素材，在处理一些问题时才有足够的裁决案例可供参考。

4. 海底捞（中国）流程制度的优化完善

关于海底捞（中国）流程制度已经全部盘点一遍，初步确定了具体优化方案。接下来，需要与杨波老师、杨斌等人做进一步沟通，按照轻重缓急和可确定程度分批次，对具体流程制度进行修订完善后在 OA 发布。

邓文娟的"三思"内容非常具体，站在客户的角度思考问题，这样所有的工作都是围绕客户展开的，自然就做到了二线围绕一线转。如果一个企业中的所有人都有这个意识，都把支持服务的每个对象当成自己的客户，以客户满意度作为衡量工作价值的标准，那么，这个企业还有什么理由不成功呢？

以顾客为中心，这不只是一句口号，而是需要所有人去践行的。它也不只是停留在表面上的行动即可，而是在内心深处的原始出发点上就要有这个意识。只有从内心认同，才能落实行动，并且不需要额外的监督。如何使每个员工都有这样的意识，值得我们认真思考。

◉ 化危为机

三思而行，强调思危、思机、思行，这个思路是一个很好的制订工作计划的方法。吴振宁（流程管理部主管）是我以前的好同事、好战友，也比较有想法。他的"三思"文章是一个标准的三思而行的模板。如果每个人都像他那样去观察公司的管理，思考哪些方面存在问题，那么这样的公司不成功都难。因为这样才是真正让员工用大脑在工作，而不仅仅是用双手在工作。员工的智慧是无穷的，就是一座"大金矿"，就看我们怎样去开采与挖掘了。

一、思危

1. 目标达不成背后隐藏的是管理问题

流程管理部成立已有一年时间，在这一年的工作中，我接触了各个部门、各个层级的领导和员工，大家都有一个共同的困惑，那就是在实际的工作中，我们的部门负责人对各自的部门提出了一定的管理目标，经理、主管都很重视，基层员工也加班加点忙碌，每个人都想把工作做好，但最终还是实现不了最初定的目标，不知是何原因。难道是我们的员工能力不够，抑或是我们的目标定得太高？我想这些都不是主要原因，主要原因还是在于我们的管理，是我们的管理出现了问题。我想是因为我们的管理还不够精细化，我们的岗位操作还不够标准。海底捞缺少"精细化流程管理和岗位标准化"的可操作的制度体系，具体表现在以下方面。

（1）流程不够清楚，过于简单，版本过多。

（2）岗位职责不清，操作指南不够细化、不够标准。

（3）同样的错误同样的人还在重复犯，其他人也在犯同样的错误，错误未被系统归纳、总结、固化沉淀下来。

（4）各部门之间推诿，开会互相抱怨，缺乏细化、可衡量的标准。

（5）各部门工作信息传递不畅，导致部门间衔接配合不好，从而影响海底捞整体的执行力和反应速度，影响了顾客满意度。

（6）员工在业务操作过程中遇到特殊情况，无所适从。

（7）工作交接不清导致诸多问题产生，从而招致客户投诉，影响顾客满意度。

（8）领导只要想起一件事情就把大家叫过来开会，一开就是几个小时。

以上问题都说明了我们海底捞的管理不够完善，隐藏着诸多问题，我们要有危机意识。这就需要流程管理部牵头，带领大家运用流程管理的思维，组织实施流程管理与岗位工作标准化来改善上述情况。

2. 业务外包，精简人员

从最近海底捞提倡各部门业务外包，精简人员的情况来看，海底捞高层总体上对各部门目前的工作开展并不是很满意，也侧面折射出各部门的专业性与外界相比还有一定的差距。随着海底捞业务的不断发展壮大，公司必定会逐渐走专业化路线，对我们每个人专业能力的要求也会越来越高。这就需要我们走出去学习，多与外界交流，不断提升自己的专业技能，这样才能跟上海底捞的发展步伐。

3. 督办中心带给我们的思考

我从与财务管理部人员的一次聊天中得知，现在财务管理部只要有不好解决或需要督办执行的流程制度或投诉，就会找督办中心。从中我们不难看出，督办中心在各部门中的定位已不止是一个督办、催办工作事项的部门，各部门只要有流程制度执行不力的问题都会找督办中心。督办中心已经被看作流程制度监管部门，而这部分工作却恰恰是我们流程管理部的流程制度投诉处理及审计的工作内容，但我们部门一直未开展起来。其原因包括：一方面人员编制不够，另一方面人员审计能力不够。正因为我们部门并未开展起来，才导致各部门一有问题就找督办中心，这非常值得我们深入地反思！

二、思机

借调研"华北物流配送差异原因"，切入华北物流一线工作，通过了解、分析蜀海物流现有工作的不足并结合自身专业知识，给出相应的解决方案。

通过整理、分析蜀海客服半年来反馈的问题我们发现，蜀海物流经常被投诉的问题大多集中在"配送差异""质量问题""沟通协调配合""岗位职责不清""操作手册标准"等问题上。为了解决以上问题，我们需要深入华北物流一线进行相关调研，以深入了解目前华北物流计划、生产、采购、仓储、配送等各个环节存在的问题。找到这些问题的根源，并结合自身的经验和专业知识，给出相应的解决方案，以改善目前物流收发货不精确的问题。

问题多说明流程制度需要优化设计的内容也多。

随着在蜀海工作的不断深入，我们发现的问题也越来越多，分析、总结问题后发现，很多问题是因为岗位职责不清晰、操作不规范、操作手册缺失、流程不完善、绩效考核不明确导致工作过程中无人跟进，信息不能共享，不能及时反馈，从而不能被及时暴露。等问题暴露时，已经给海底捞造成了一定的损失，急切需要我们从根本上解决以上问题。这些问题更多地折射出我们的流程制度体系不科学、不系统、不完善，很多流程制度需要优化，甚至需要重新设计，这也说明了流程管理部的重要性与肩负的重大责任！

三、思行

1. 兄弟部门互惠互助，共同进步

我后期会在业余时间重点学习人力资源方面的知识，以加强与海大、人力资源管理部两个部门的合作，做到三个部门互通信息、共享信息，以实现三个兄弟部门互惠互助，共同进步。此外，还要通过阅读外部书籍、网上资料或向人力资源部员工学习，了解人力资源基础知识及未来的发展方向。

2. 部门自我推销

由于我们部门人员少，业务辐射面窄，很多部门都不知道我们部门具体在做什么，这会导致很多部门对我们部门没有什么印象，因此需要我们每个人尽可能地推销自己部门，推销自己，把流程管理部一些成功的方案通过各种方式、各种渠道进行推广，让更多的部门了解我们部门能做什么，让更多的部门受益。

3. 重大项目推进

（1）深入华北物流内部了解物流计划、采购、生产、仓储、配送环节，汇总分析并总结蜀海四大物流各类配送差异的原因，针对华北物流经常出现的配送差异问题给出可执行的解决方案。

（2）电子商务协同采购供应链项目调研分析。

（3）深入销售一线，与业务员一起跑市场，了解整个销售过程，对现有销售工作进行分析、优化。

（4）分析并总结蜀海客服问题，逐步给出改进方案。

（5）培训指导华北物流流程绘图规范及流程说明填写规范。

（6）搭建蜀海营运部 OEM（定点生产）流程制度体系。

（7）搭建流程制度宣讲及在线考试体系。

（8）跟进香菇酱、香辣牛肉酱、香辣豆豉酱项目的推进计划。

4. 参与业务部门的工作

通过与业务人员（如中心人员、市场部人员、销售人员、物流人员）

一起工作，深入了解业务人员的工作内容，发现工作中的不合理之处并及时分析原因，从而给予整改解决方案。

5. 主动思考蜀海业务

通过最近几个月对蜀海业务的深入了解，对市场、研发、销售有了一定的认知。随着认知的进一步深入及自身专业知识的积累，后期要加强对蜀海业务模式、蜀海管控模式及跨部门工作协调的主动思考，并给出对蜀海有一定价值的方案。

每个企业都会有很多的问题，悲观的人总是抱怨，而乐观的人总是心怀希望。每个问题背后都是一次改善的机会，能认识到这一点，工作的精进就有了前进的方向。关于三思，每个人思考的角度都不一样，但有一点是相通的，它让每个人都不要只低头走路，也要抬头看天，除了用双手，还要用思考的大脑和爱的心灵来工作。

CHAPTER

03

第三章

七个不放过

以问题为切入点，通过对问题的深入分析，找到根源，制定短期与长期的解决方案，并使相关人员从中受到教育。这样既可以解决当下的问题，又可以从根源上避免问题的重复发生。一个个真实的案例，最终组成了海底捞裁决案例库。

什么是七个不放过？

海底捞有一个内部人人都知道的管理工具——七个不放过。它贯穿海底捞的整个管理体系，以问题为切入点，通过对问题的深入分析，制定短期与长期的解决方案，并使相关人员从中受到教育。这样既可以解决当下的问题，又可以从根源上避免问题的重复发生，还能以点带面，由问题引发管理思考，从而促进管理制度的提升（本章的"海底捞对外债券投资"七个不放过分析就是一个典型案例）。

七个不放过这个工具固然不错，但是如果应用不彻底的话，效果就会大打折扣。就好比一本上乘的武林秘籍，也得看是什么人在修炼，修炼到了什么境界。对于这一点，海底捞有自己独特的见解。在七个不放过管理上，海底捞设计了一套完善的管理机制，以保证这个管理工具的有效落实。

究竟什么是七个不放过呢？概括起来有以下七个维度。

（1）找不到问题的根源，不放过。

（2）找不到问题的责任人，不放过。

（3）找不到问题的解决方法，不放过。

（4）解决方法落实不到位，不放过。

（5）问题责任人没受到教育与处理，不放过。

（6）没有长期的改善措施，不放过。

（7）没有建立档案，不放过。

七个不放过分析工具有自己的运用原则，并不是所有问题分析后都要写七个不放过案例，这样反而会降低工作效率。

主管及主管级别以上人员针对本部门的关键问题、外部投诉、跨部门问题，必须运用七个不放过分析工具进行分析，直接上级需要对此进行辅导和审核。

为了保证七个不放过分析的质量，完成分析后，还需要经过逐层审核，最后进行备案。

总经办要审核收到的七个不放过案例是否合格（审核标准参照七个不放过模板），如果不合格，则打回重新分析撰写；如果合格，则对其进行编号分类管理，并由督办中心对长、短期改善方案及工作落实情况进行督办跟踪，并将结果计入个人的执行力积分评价。

对于一些典型案例，海底捞会将其整理、上传至数据中心（公司的知识管理信息平台），并形成裁决案例，人力资源部将裁决案例作为培训素材进行培训，由裁决案例的相关处理人员或涉案人员根据需要对案例进行讲解。

海底捞会定期开展对七个不放过案例分析的评比（高管考核也会有这项指标），具体的打分规则参见表 3-1 表示。

表 3-1　七个不放过案例的评分说明

考核关键点	考核标准	扣分原则
根源分析清晰	根源找全、找准	一项根源未找全、未找准，扣 1 分
功、过人员明确	对功、过人员要有相应的奖、惩	1. 对提出人要进行奖励，未进行奖励的一次扣 1 分。提出人的奖励说明如下： （1）其他部门提出本部门的问题，均要有奖励，奖励形式由部门自定； （2）部门员工反馈问题也要有奖励，奖励形式由部门自定； （3）部门负责人提出问题，可不做奖励。 奖励形式：物质奖励、感谢信、反馈邮件、精神奖励等 2. 过失人员未找全、未找准、未做处罚，每出现一处扣 0.5 分

考核关键点	考核标准	扣分原则
每个根源均在长、短期改进措施中体现	每项根源要有相应的解决措施并在长、短期措施中体现	1. 未在长、短期措施中体现，扣 0.5 分。 2. 未落实扣 1 分。 3. 未体现也未落实，扣 1.5 分
各项措施的落实在催办中	1. 每项措施要有相应的催办且落实在催办单中； 2. 罚款、绩效扣分也要列入催办单	1. 未在催办单中体现，扣 0.5 分。 2. 未落实扣 1 分。 3. 未体现也未落实，扣 1.5 分
催办落实情况	1. 催办要按时、按质完成并评估； 2. 检查的原则是最多抽查 5 个催办； 3. 抽查催办不仅要检查完成情况，而且要看效果； 4. 催办个数的统计不包含未到期的	1. 一项未完成扣 1 分，延迟完成扣 0.5 分。 2. 未评估扣 1 分，未按时评估扣 0.5 分。 3. 责任人的奖惩情况设置不合理的，出现 1 处扣 0.5 分（注：责任人的奖惩情况应具体、可操作，不能写范围值，如 0~20 分，也不能出现负分）。 4. 考评关键点不全、不合理，出现 1 处扣 0.5 分（注：涉及流程、制度、方案等催办时，考评关键点里面不仅应包括"按时提交"，而且应包括对效果或结果的考评）。 5. 评估人不知晓要评估的，出现 1 处扣 0.5 分。 6. 责任人不清楚要完成的工作的，出现 1 处扣 1 分。 7. 催办单格式不符合要求的，1 项扣 0.5 分。 8. 催办单催办内容描述不清楚的，1 项扣 0.5 分
七个不放过模板	按七个不放过模板的要求填写	未按七个不放过模板的要求填写，每出现一次扣 0.5 分

这种打分规则看似有点吹毛求疵了，但是如果不规定"死"，而是让每个人自由发挥，那么最终结果就会五花八门，分析质量就会参差不齐。先僵化，再固化，是海底捞管理的基本思想。只有这样，才能把每项管理工具都深入、彻底地执行下去，并长期坚持下去。在管理改善上，没有任

何工作会一劳永逸，也没有任何工作存在投机取巧的可能。只要在一个点上持续发力，力出一孔，不断地凿、不断地打磨，这个管理工具终将会成为一把利器。

◉ 如何做七个不放过分析?

上节介绍了什么是七个不放过管理工具,本节将结合一个典型的七个不放过分析案例,介绍海底捞是如何推行七个不放过分析的。其中涉及一些不便公布的当事人人名用"××"替换。

之所以选择下文中这个案例,主要有两个原因。

首先,因为从这个案例中,我们可以发现海底捞管理的一些奥秘。以一个事情或者一个管理漏洞为突破口,对其进行分析,找到有针对性的长、短期解决办法。这些都是一个个孤零零的问题,看似不够系统,但是通过不断挖掘,最终会牵引出一系列的管理改善方案,然后不断精进,日积月累,就会让海底捞的管理体系再向上迈一个大台阶,甚至形成海底捞的核心能力。同时,通过进行七个不放过分析,还可以培养一批干部,并形成一致的工作与思维习惯。大家有共同的语境,彼此达成默契,工作中能在同一个频率上对话,有的时候一个眼神、一句话就够了,这样可以有效地提高沟通和协调的效率。

其次,这个案例当时是由我执笔的,我对事情的经过比较清楚,在理解上不会有偏差,便于分享。

选取的七个不放过分析案例如表3-2所示。

表 3-2 七个不放过分析案例

提出人部门	董事会
提出人	张勇
类型	海底捞对外债券投资
时间	2012 年 ×× 月 ×× 日
信息收集渠道	董事长提出，该案例由相关人员提供
问题涉及部门	董事会、总经理办公会、财务部、流程管理部
问题	公司在征求了杨小丽、苟轶群、袁华强、郑操梨、杨宾、陈勇等各位董事和总经理办公会成员的意见后，于 2012 年 ×× 月 ×× 日公布了《公司重大决策（事件）信息沟通管理办法》，其中对公司重大决策的范围、组织机构、沟通程序进行了规定。但是在公司进行对外 4000 万元债券投资时，财务部按照资金管理办法直接向张总请示，而没有按照《公司重大决策（事件）信息沟通管理办法》的流程执行，向公司决策委员会请示。财务部反映，因制度不完善，故无法按照该制度的规定程序执行
事件描述	财务部在做 4000 万元债券投资过程中查阅相关制度时，只有《公司重大决策（事件）信息沟通管理办法》中有关于重大事项决策的规定，但该制度中只有"股权投资"需要决策委员会同意；该办法第七项规定：其他影响企业正常经营的重大事项属于重大决策。但是大家的理解存在差异，导致对 4000 万元的债券投资项目是否属于重大决策范围存在不同理解。 所以，财务部按照资金管理办法直接向张总请示做 4000 万元债券投资。张总认为在《公司重大决策（事件）信息沟通管理办法》制度制定的过程中，公司主要管理干部均参与了讨论，但对于大额投资项目的界定却非常草率，对于其他重大事项是否还有遗漏也不能确定，反映出我们管理干部工作中存在一些问题
根源	1. 此流程在方向和框架上没有问题，但在可操作性方面不够明确，不够具体。 2. 制度制定流程不科学。制定制度时应该有主责部门，首先由主责部门充分收集以前的案例，从暴露问题的案例中总结经验，以此将制度制定全面；然后充分收集所涉及部门的意见；最后由主责部门确定制度阐述是否全面、清楚——解决了什么问题？解决程度如何？是否可以达到预期效果？

根源	3. 被征求意见者对制度建设的责任感不强,没有认真审阅后再给出意见; 4. 操作人员在处理工作和解决问题时,严格按照流程制度执行的意识淡薄,对制度的理解不够及责任心缺乏; 5. 操作人员对制度本身的问题漠视; 6. 公司相关制度和流程没有与信息系统紧密结合,留下了可操作的漏洞,导致人为可以越过制度和流程
责任人及相关功、过人员的处理	责任人:董事会成员、总经理办公会成员、财务管理部负责人、流程管理部负责人。 处理: 1. 主责部门负责人××承担主要责任,给予通报批评; 2. 对于未对制度提出修改意见的董事——办公会成员 ××,也应承担同等责任,给予通报批评; 3. 董事会对流程管理部负责人××进行提醒,在征求任何制度意见的时候,务必要求被征求意见者认真进行回复,没有收到回复意见时要进行追问
短期解决方法	1. 责成董事会和办公会成员收集相关意见后对制度进行修订完善,在充分考虑其存在的弊端的基础上,修订出台《公司重大决策(事件)管理办法(试行稿)》,该办法的内容要包括信息沟通、决策程序、责任追究、投资计划书等; 2. 明确投资分项(常态、临时性、新型),在新一版的制度中应规定投资项目应有详细的投资计划书。例如,门店500万元以内的投资项目,应在年初制订计划书,年中时再向董事会做具体汇报; 3. 物流站的2亿元投资,补交详细的投资计划书(阐述清楚内、外部价值); 4. 督办中心继续加大力度,对各部门、各管理人员的管理流程和执行情况进行督办及跟踪。定期对各部门、各层级没有按照流程制度执行的进行累计公布; 5. 流程管理部继续会同各部门,对重大决策中包括的6个决策项目的内容进行完善和细化,如重大安全、突发事件的具体描述和界定; 6. 该制度由流程部对相关部门涉及的相关人员进行宣讲、培训和定期考核; 7. 由董事会召集相关部门,对于公司一些重要和急切的制度需通过建立完善的信息系统形成业务流,避免人为越过制度和流程进行操作(例如,即使该事件张总和苟总同意,但具体操作人未见到决策委员会的决议,财务操作人员也不会去实施)

续表

是否需要催办	是
处理依据（制度或者案例）	无
相关人员受教育情况	1.通过通报批评,公司各级管理人员认识到了"征求意见"的重要性,也产生了相应的责任感,改变了过去"征求意见"走形式的作风; 2.相关人员深知,身为公司管理层,在制定各种制度的过程中理应更加深思熟虑且严谨、周到,时刻牢记自己的工作岗位和职责,对自己的每句话形成的后果负责; 3.每个制度都不是一稿完美的,肯定需要在实践中不断地发现其漏洞及考虑不周的地方。对此,我们一定要及时反馈、完善制度,而不是假借高效率完成工作的名义,减少一些所谓不必要的工作步骤,为了简单了事而去钻制度漏洞,这是个人工作责任心的问题。我们应该明确自己的身份及工作,要时刻以顾全大局、保证公司利益最大化的心态行事; 4.哪怕真的对制度理解不透彻或是有偏差,也应该及时请教或讨论,一定要时刻提高警惕,真正做到认真工作; 5.流程化、制度化建设是公司发展到现阶段所必需的
长期整改和发扬措施	1.所有制度的建立都应有合理的流程:牵头部门抛出征求意见的制度后,各相关部门都应考虑与本部门业务相关的细节,及时上报意见; 2.各相关部门应针对新制度进行学习,考虑如何贯穿、执行,如果出现因为不了解新制度而违反流程的现象,则要对部门负责人进行通报批评; 3.加大对提出制度漏洞及制度完善人员的奖励,以提高大家的积极性; 4.对于不严格执行制度的人,以及虽然发现制度漏洞,但是为了减少烦琐步骤,故意钻制度漏洞等严重缺乏责任心的人,一旦发现,将加大处罚力度; 5.除在公司层面成立决策委员会外,还要成立各分项专业决策委员会
是否需进入案例库	是
是否上报	是
功过记录	无

续表

催办单			
序号	催办事项	催办责任人	预定完成时间
1	对财务部负责人 ×× 进行通报批评	督办中心	×× 月 ×× 日
2	未对制度提出意见的董事——办公会成员 ×× 承担同等责任，对其进行通报批评	督办中心	×× 月 ×× 日
3	流程管理部在 ×× 月 ×× 日之前征集意见，修订出台《公司重大决策管理办法（试行稿）》，该办法的内容要包括信息沟通、决策程序、责任追究、投资计划书等	流程部	×× 月 ×× 日
4	成立公司决策委员会与各专业决策委员会（食品安全委员会、信息委员会、采购委员会、投资委员会、人力委员会）	专业委员会部门负责人	×× 月 ×× 日

　　该案例推动了海底捞的一系列改革，之后相继成立了各项专业决策委员会，如食品安全委员会、信息委员会、采购委员会、投资委员会、薪酬委员会等。通过对组织机制（让专业的人决策，而不是最高领导决策）的设计，解决了公司经营过程中的重大专业决策问题。通过这个案例我们会发现，组织能力的提高是通过对一个个问题的思考实现的，而不是凭空出现的。

　　该案例另一项重要的贡献是，推动了《公司重大决策管理办法》的诞生。这一管理办法属于海底捞的 A 类（战略类）流程制度，有效地弥补了公司的授权体系与其他制度不太明确的非常态决策管理的不足。

什么是裁决案例？

学过法律的人都知道，世界上有两大法系：大陆法系与英美法系。两者的核心区别是，大陆法系是成文法系，其法律以成文法（即制定法）的形式存在；英美法系的法律既包括各种制定法，又包括判例。

企业管理体系就像法律体系，每个企业都会根据自身的实际情况，制定符合自己企业特点的流程制度及管理规范。但是，由于企业的经营千变万化，流程制度不可能涵盖所有的可能性，因此也就不可能对所有的事项都制定明确的规则。

海底捞是一个学习力超强的企业，借鉴、综合了大陆法系与英美法系的特点，形成了自己的管理规则体系。

（1）流程制度管理体系，主要针对一些能够明确的事项进行管理。

（2）裁决案例管理体系，对在海底捞制度以外的事项，用判例进行管理。

基于此，公司还针对裁决案例库的管理制定了一些具体的规则，要求流程管理部掌握，职能部门主管级别以上同事理解，片区教练、门店经理、领班理解，其他同事了解。目的是进一步丰富海底捞裁决案例库，规范海底捞裁决案例库的管理，提高所有同事对裁决案例库内容的使用率。

一、管理组织建设

1.成立裁决案例库创新委员会

（1）成员组成：总教练、教练组长、教练和片区教练等职能部门负责人，流程管理部负责人为牵头人。

（2）主要职责：对新增裁决案例进行审核。

（3）裁决案例共分三类：

A类是指公司战略层面的案例，由裁决案例创新委员会核定；

B类是指公司运营层面的案例，由流程管理部核定；

C类是指公司操作层面的案例，由流程管理部核定。

2.日常执行机构

（1）流程管理部为日常执行机构。

（2）主要职责：牵头组织执行并及时完善管理规则。

二、裁决案例的产生

1.一线裁决案例的产生

（1）领班、店经理每天把需要处理的信息，参照案例库中相同类型的案例进行处理。领班把不能参照案例库中案例进行处理的信息，提交给店经理，由店经理帮助处理。如果店经理也不能处理，则可以上报给直管教练，由直管教练负责帮助处理。如果直管教练不能处理，则上报给教练组组长。

（2）教练组组长接到教练上报的信息，在3个工作日内邀请事件相关责任人和相关部门负责人，按照七个不放过原则进行教练组会议内部讨论。

（3）教练组将修订后的案例（包括案例的使用对象、案例的类别等）汇总后，在每周一上报总教练审批。

（4）总教练在2个工作日内，将审批后的案例发到流程管理部邮箱。

（5）流程管理部在2个工作日内，将案例加入一线裁决案例库。

2. 职能部门裁决案例的产生

（1）职能部门在每次部门例会上，按照七个不放过原则对关键的问题进行分析。例会后，部门长或公司主管领导决定将哪些议题提交至公司裁决案例库。

（2）职能部门将需要提交的裁决案例按照七个不放过模板进行撰写，并发至流程管理部。

（3）流程管理部在收到案例后，对案例的处理流程进行审核。例如，对于跨部门的问题，审核是否组织了相关部门进行沟通，并达成一致意见。

（4）流程管理部在 24 小时内，将审核通过的案例加入职能部门裁决案例库。

三、裁决案例的更新和维护

流程管理部根据实际情况，对在一定期限内新增的一线裁决案例的使用情况进行调研，并将调研结果报给教练组。如果其他职能部门也需要对涉及本职能部门的案例进行调研，可以以邮件形式向流程管理部提出调研请求。

流程管理部不定期联合教练组对一线裁决案例库统一进行更新，联合其他职能部门对各职能部门相关案例统一进行更新。

裁决案例是对海底捞流程制度的一项有力补充，也是海底捞管理的一次重要尝试。海底捞对曾经的经验与教训进行总结，然后通过海底捞大学组织培训，根据需要由裁决案例的相关处理人员或涉案人员进行讲解。把个别案例转化为组织的经验，使所有人都能从中受到教育，把一个孤立的事件转化为对公司有价值的知识，这与大家熟知的事件营销有异曲同工之妙。

◉ 店经理裁决案例

　　本节选取了 4 个案例，分别从员工成长、员工情绪管理、员工对管理层不满、员工关怀几个角度，讲解一线管理者面对错综复杂的管理问题时的解决思路。这些来自一线的真实管理案例，就是活生生的商学院教材。我们可以从中体会到一个道理：管理不在于知，而在于行。

案例一：连续 3 个月都是 C 级小组　　　　编号：GL-1

类型：管理类——适用于团队管理，提升小组级别。

问题：北京 ×× 店服务二组连续 3 个月都是 C 级小组。

根源：

　　（1）把一个没有经验的保安组领班调到服务组当领班。

　　（2）不符合 B 级组一级指标，员工业务差。

　　（3）餐前检查及环境卫生差。

责任人及相关功、过人员的处理：

　　责任人：店经理 ××、优秀领班 ××、服务二组领班 ××。

　　处理方式：

　　（1）对店经理处以 50 元现金罚款。

　　（2）对领班进行口头教育。

　　（3）对服务二组领班在例会上进行口头提醒。

短期解决方法：

　　（1）由大堂经理罗 ×× 直接负责二组，胡 ×× 作为后备，由罗 ×× 带胡 ××。

（2）将组中业务水平排前三名的二级员工列出来，让他们从本组骨干员工中自选一名师傅，进行一帮一的捆绑帮助，月底给业务排在前面的师傅和徒弟200元现金奖励。

（3）将组中的区域进行划分，温××负责62区域，张××负责98区域，胡××负责101区域，罗××负责58区域，每个星期评比一次，给做得好的区域长50元现金奖励。

（4）胡××负责学习领班例行工作流程，张××负责客人满意度和优秀案例，温××负责卫生和环境。月底进行评比，奖励做得好的员工在门店骨干会议上分享经验。

（5）排查本店其他小组有无此类情况。

处理依据（制度或者案例）：

20××年××月××日在北京××分店的喝咖啡讨论。

相关人员受教育情况：

在13号之前，将此案例的处理结果传递给本组所有员工。

长期整改和发扬措施：

（1）一个月后，将服务二组的改进情况在大会上进行通报。

（2）店经理依据本案例解决方法的实施效果，总结其对本店的其他小组是否适用、是否有效。

案例二：级别被降后员工有情绪　　　　　编号：GL-2

类型： 管理类——员工上班带情绪，适用于员工被降工资、失恋、被批评、受处罚等情况。

问题： 员工因为工作业绩下滑，级别被降，所以有情绪。

事件描述：

员工刘××是一个洗地的一级员工，当月店经理发现该员工负责区域的地面卫生不干净，便同该员工进行了两次沟通，但该员工的工作表现并没有进步，还找了很多理由为自己开脱。在此过程中，店经理让该组领班参与洗地，地面卫生得到了改进。当月，店经理决定给予刘××降级处理。但是刘××对此不认可，找店经理辩解，认为店经理给他安排的工作较多，平时又要搬货，所以没有时间洗地。

店经理同值班经理沟通时，值班经理也没有拿出足够的数据。于是，店经理便尊重员工的意见，按照一级工资标准给刘××发放工资，并且告诉他："我相信你对自己的判断，但下个月会严格按照标准考核你的工作。"同时，店经理也没有再安排刘××去搬货。

第二个月，刘××的工作仍然没有改进，店经理给予他降级处理，他没有再闹情绪。

根源：

（1）员工在本岗位待的时间较长（洗地一年），且责任心较差，自认为工作不错，不虚心接受意见。

（2）店经理和值班经理没有对员工工作出现的问题给予及时的帮助和严格的要求。

责任人及相关功过人员的处理：

责任人：员工、店经理、值班经理。

处理方式：员工降级，店经理自我反思，对值班经理进行口头提醒。

短期解决办法：

（1）店经理在工资发放一周内安排领班带领该员工洗地，让该员工明白自身工作的不足，因此被降成二级。

（2）店经理在第一次沟通后，尊重员工意见，照发一级工资。

（3）店经理在接下来的一个月内对该员工的工作情况进行跟踪，根据员工的表现及洗地的情况做是否恢复级别的决定。

（4）店经理在三天内，通过该案例，带领领班级别的管理人员分析排查本组是否有类似的员工，如有，则及时给予帮助。

处理依据（制度或者案例）：

20××年××月××日的会议讨论。

相关人员受教育情况：

店经理对领班级别的管理人员进行培训，引导他们关注容易忽略的岗位和工作（如洗地、员工餐、电工、库管等），查看是否有类似的问题。

长期整改和发扬措施：

（1）每月定期对容易忽略的岗位和工作进行关注并评比。

（2）店经理排查长期从事固定岗位的员工是否有厌工情绪，如果有，则及时调整。

案例三：员工对管理层不满　　　　　　　　编号：GL-3

类型： 管理类——当员工对管理层不满时的处理方法。

问题： 员工认为领班的工作安排不合理，不认可领班的工作能力，并发生争吵。

事件描述：

刚升任大堂经理两个月的罗××早上安排打扫卫生，各组人数相同，但三组要打扫包间，10：20时只有三组的卫生还没有打扫完。罗××和王××沟通，认为三组打扫卫生的速度太慢，但王××以打扫包间本身浪费时间为由不认同罗××的处理。于是，罗××调人协助三组打扫卫生，但打扫完后处罚三组员工在第二天早上8：30上班。

王××不服，于是投诉到店经理何××处。当店经理知晓此事时，罗××已经处理完毕，为了维护罗××的威信，何××就没有转告王××对他的投诉。当晚店经理找到王××沟通，让他理解罗××。第二天早上8：30，王××带着三组的员工履行了处罚。中午店经理与罗××沟通，让罗××安排三组员工提前1个小时下班，同时教给罗××这种情况的处理技巧。

根源：

（1）领班王××对罗××不是很信服，因为之前王××是大堂经理的第一培养对象，但由于种种原因，最终公司选择了罗××做大堂经理。

（2）店经理平时对罗××的业务培训较少，如人员安排技巧、与老领班相处的技巧，以及遇到困难时如何及时求助。

（3）店经理平时在员工面前没有给罗××树立起威信。

责任人及相关功过人员的处理：

责任人：罗××。

处理方式：再次培训。

责任人：店经理。

处理方式：向罗××道歉，因为自己在这方面培训做得少，导致罗××在工作中遇到了阻力。

责任人：王××。

处理方式：由店经理口头引导，要服从安排。

短期解决方法：

（1）店经理在当天培训罗××在人员协调方面的技巧，以及与老领班相处的技巧，并引导他在遇到困难时及时请教上级。

（2）店经理在2天内分别与店内的老领班沟通，引导他们支持新上级的工作，学会换位思考，要给新上级一个犯错、成长的机会。

处理依据（制度或者案例）：

20××年××月××日的会议讨论。

相关人员受教育情况：

店经理在2天内以自身为案例培训老领班，同时让他们换位思考，回忆自己在刚任领班时的成长过程，让他们支持新大堂经理的工作。

长期整改和发扬措施：

（1）在罗××做错时，店经理尊重他的处理意见，采取变通弥补，以此维护他的威信，并在员工面前多肯定他，帮助他树立威信。

（2）对店内新上任的负责人进行辅导和关注，以免出现类似情况。

案例四：员工因宫外孕而导致生命危险　　　　编号：QQH-1

类型： 亲情化案例——员工患病，适用于员工受伤、生病等情况。

问题： 员工因宫外孕而面临生命危险。

事件描述：

　　员工李××因为身体不舒服去医院检查，医生告知她患宫外孕，如果不及时治疗，则会有生命危险，建议她及时手术。但手术需要在李××原有的剖腹产刀口上进行二次手术。李××因为恐惧，拒绝治疗。回到门店后，李××病情加重，但仍拒绝治疗，除了因为恐惧外，还与她看病时丢失了2000元现金和银行卡有关。店经理得知情况后，和李××的爱人一起陪同她去医院手术。从医生处得知，李××病情较重，已经危及生命，幸好治疗及时，才脱离生命危险。

根源：

　　（1）员工对自身疾病情况不了解。

　　（2）店经理平时收集信息的渠道不畅通，导致没有及时了解员工情况。

　　（3）员工对医保制度不了解，不知道使用医保可以报销手术费用，故因担心手术花费高而不接受治疗。

责任人及相关功过人员的处理：

　　责任人：生病员工。

　　处理办法：对员工进行口头提醒教育。

　　责任人：当组领班、店经理。

　　处理方法：

　　（1）对当组领班进行口头批评。

　　（2）店经理自我批评。

短期解决方法：

　　（1）店经理将该员工及时送往医院进行治疗，并帮忙交押金。

　　（2）安排专人进行照顾。

（3）让工会组长随时关注该员工的恢复情况；

（4）按照医保制度报销手术费用。

处理依据（制度或者案例）：

20××年××月××日的会议讨论。

相关人员受教育情况：

店经理对所有员工进行培训，培训内容包括医保制度、疾病常识、关爱生命等。

长期整改和发扬措施：

（1）店经理定期组织员工进行医疗常识培训，如在宿舍内发放健康书籍，给员工发送健康短信等。

（2）店经理引导工会及领班及时关注员工的健康情况。

领班裁决案例

从经营的角度来看，门店是海底捞的基本经营单元，是能够独立核算的经营实体。作为一店之长，店经理的裁决案例固然很重要，但是不是领班的裁决案例就不重要了呢？我不这样认为，我觉得二者同等重要。因为对于海底捞而言，店经理是核心，但对于门店而言，领班就是门店的核心，他们都是最基层的领导干部，是店长的接班人，起着承上启下的作用。他们的管理水平间接决定了整个海底捞的一线运营管理水平。

所以，本节我将分享四个领班的裁决案例，不同的是，这些案例不只谈问题，还会分享一些受到好评的故事。

案例一：拾金不昧　　　　　　　　　　编号：LB-01

类型： 顾客表扬。

事迹： 保洁员刘达茂在收拾桌子时，拾到客人的手机和其他财物，主动上交吧台，客人回来取时非常感动。

根源：

（1）刘达茂（保洁先进）工作责任心强，个人人品、修养好。

（2）刘达茂业务熟练，绩效考核中的"能做到快速准确及业务熟练"一项做得较好，在客人走后及时检查桌面上的物品，如有顾客落下财物，则及时交还顾客。

（3）师傅周群英（客户经理二级）能够以身作则，以过硬的业务水平和极高的责任心升任客户经理后，依然经常与刘达茂进行沟通和交流。

（4）当组领班李国友（领班二级）要求严格，引导到位，每周都在组内对员工就企业文化进行培训。

（5）店经理李章荣培训到位，坚持对拾金不昧的员工进行表扬和奖励。

责任人及相关功过人员的处理：

责任人：刘达茂、周群英、李国友。

处理方式：

（1）由领班李国友在1月4日的小组例会上奖励刘达茂小可乐一瓶。

（2）由领班李国友在1月4日的小组例会上对刘达茂的师傅周群英进行口头表扬。

处理依据（制度或者案例）：

小组例会，参会人有周群英（客户经理），以及张兰菊（保洁先进）、严艳霞（保洁一级）、刘达茂（保洁先进）。

相关人员受教育情况：

（1）将此案例张贴在文化墙上，供其他同事学习。

（2）将此案例作为优秀案例，上报教练组。

（3）领班李国友一个月后总结本组类似的良好现象是否增多，以证明员工是否受到了教育。

长期整改和发扬措施：

（1）每日由领班收集本组优秀案例，每周评比一次，对质量高的优秀案例，奖励10元现金，并将该优秀案例上报教练组。

（2）领班在1月4日上报店经理，申请在本周客户交流会上由客户经理对刘达茂、周群英进行口头表扬，并分享此案例。

案例二：服务创造感动　　　　　　　　　　　编号：LB-02

类型：顾客表扬。

事迹：擦鞋员工想办法修好了顾客的鞋子。

事件描述：

20××年××月20日，擦鞋师朱宇江正在给一位顾客擦鞋，另一位顾客说鞋跟有点松，问朱宇江能不能修一下。朱宇江告诉顾客："您先稍等一下，等我擦好这双鞋，再看一下能不能帮您粘一下。"等他把顾客的鞋子擦完，并给鞋跟坏了的顾客换上拖鞋以后，发现顾客的鞋子我们内部的擦鞋师修不好，必须请外面的专业人士来修。朱宇江没有直接拒绝客人，而是告诉顾客："我们这边没有条件修好，但是可以帮您拿到外面去修，您先吃着，我帮您拿出去修，修好给您送过来。"接着，朱宇江跟自己的搭档张灵成说了一声，就帮客人修鞋去了。朱宇江把鞋子送回来的时候，客人非常感动。

根源：

（1）擦鞋师朱宇江（擦鞋二级）非常重视顾客，把顾客的每件小事都当成自己的大事来完成。

（2）搭档张灵成（门迎基本）积极配合。

（3）门迎组领班张龙（门迎二级）平时对员工要求比较严格，而且非常重视顾客。

责任人及相关功过人员的处理：

责任人：领班张龙、当事人朱宇江、搭档张灵成。

处理方式：由门迎领班张龙在10月21日的小组例会上奖励朱宇江的搭档张灵成10元现金，奖励当事人朱宇江20元现金。

处理依据（制度或者案例）：

会议讨论，参会人员有店经理谢亚萍及门迎组标兵员工王舒蕾、门迎组先进员工贾倩、门迎组标兵员工陈超、门迎组领班张龙。

相关人员受教育情况：

（1）20××年××月21日10：00，大堂经理杨丽将案例上报给店经理，由店经理在下午4：00的全体员工例会上对相关人员张龙、朱宇江、张灵成进行表扬，同时和全体员工一起学习此案例。

（2）20××年××月23日，由文员卢玉辉对店内员工进行抽查，看员工是否对表扬情况都清楚。

长期整改和发扬措施：

由文员卢玉辉将本案例打印、张贴在后堂及宿舍学习栏，供新员工学习、老员工发扬。

案例三：授权　　　　　　　　　　　　　　　　编号：LB-03

类型：表扬。

事迹：员工授权工作做得好。

事件描述：

20××年××月18日，王燕被安排到雅间8号看台，在为顾客服务的时候，她发现有一名顾客因为身体原因不能吃肥肉，而他们点的羊肉卷和特级肥牛都是肥的，顾客也没有和当台服务员说明他们的需求。王燕在为这桌顾客服务的时候发现了此问题，利用授权送了顾客半份精瘦的羊肉卷。顾客当时非常高兴，指明要找经理对王燕进行表扬。

根源：

（1）服务员王燕是刚刚入职一个月的新员工（服务员二级），她日常的服务能够达到服务员绩效考核标准的"急客人所急，做到察言观色"，尽量不等客人发出指令就提前服务，能根据具体情况为顾客提供特殊的服务。

（2）王燕的师傅王群芸（人事专员二级）在带徒弟方面方法比较多，对徒弟日常工作的引导及培训比较到位。

责任人及相关功过人员的处理：

责任人：王燕、王群芸。

处理办法：针对王燕这种利用授权为顾客提供特殊服务的情况，由三组领班吴尚钦奖励王燕 20 元现金，对王燕的师傅王群芸进行口头表扬。

处理依据（制度或者案例）：

20×× 年 ×× 月 18 日，三组领班吴尚钦带领小组进行了例会讨论。

相关人员受教育情况：

20×× 年 ×× 月 19 日，领班召集小组人员，对王燕这种根据顾客的情况，利用自己的授权为顾客提供特殊服务的方法进行宣讲及表扬。

长期整改和发扬措施：

针对此类案例，由领班及时发现、及时给予肯定，并让小组人员进行学习，以达到长期鼓励员工的目的。

案例四：亲情化　　　　　　　　　　　　　　编号：LB-03

类型：亲情化（关心员工）。

问题：领班的亲情化工作不到位。

事件描述：

20×× 年 ×× 月 11 日，小吃房的小李星期六白天来上班，但是晚上的小吃总是供应不上，于是跟小李一起在小吃房工作的李阿姨便着急地询问是怎么回事，为什么小吃的供应速度这么慢，还总是不达标。这时才发现小李身体状态不是很好，通过询问得知，小李早上就已经感觉胃不舒服，但是因为考虑到人员比较少，就没有休假。

根源：

（1）小李生病了，身体状态不好，导致小吃供应速度跟不上。

（2）小李为工作着想，带病坚持工作。

（3）小李的师傅、领班的亲情化工作不到位，关心员工不够。

责任人及相关功过人员的处理：

责任人：小李及其师傅、领班。

处理办法：

（1）奖励小李小礼品一个，但不提倡此种做法，身体不舒服就要好好休息。

（2）小李的师傅及领班关心徒弟、员工不够，进行口头批评。

短期解决方法：

（1）在1月12日例会上，由领班培训员工，如果身体不舒服，一定要及时上报、及时休息，不能因为人员不够就带病上班；

（2）领班在日常的工作中要多关注员工，对员工的日常起居也要多关心。

处理依据（制度或者案例）：

20××年××月17日，店经理杨××与领班讨论了本案例。

相关人员受教育情况：

由当组领班口头传递给其余同事及工会人员，在日常工作中要随时关心员工。

长期整改和发扬措施：

店经理杨××告诉领班，要多利用工会和自己的时间关心员工。

CHAPTER
04

第四章

执行力

员工就像处于斜面上的木块，自身存在一个重力，若外力不足，木块就会不动或者下滑。这时就需要企业管理者加入，给他提供两个力：一个是向上的支持力，防止其下滑；另一个是向上的拉力，促使其前行。督办和执行力积分系统就是提升执行力的这两个力。

◉ 督办

　　一个企业能不能成功，我认为有两个关键因素：公司的战略是否正确和战略的执行是否到位。第一个因素是公司高层要考虑的事情，第二个因素则是全体员工要思考的问题。再好的战略，如果得不到有效的执行，那就是一纸空文。所以，执行力是任何一个公司都要认真对待的，不能有丝毫怠慢。海底捞在执行力管理方面有一套自己的方法，值得大家学习借鉴。

　　为了强化执行力，保障公司流程制度的执行，海底捞设立了一个特殊的部门——督办中心。它就像一个执法部门一样，审视着海底捞的各项制度，如果有哪些规定偏离了公司的要求，便及时给予提醒或通报处罚。

　　下面将介绍督办中心是如何运转的，有哪些相关的工作机制来保证其顺利开展工作。

一、督办中心的工作内容

　　督办中心的工作对象主要为两个：人，针对的是经理级别及以上人员的人品、工作情况；部门，针对的是一级阿米巴，即一线门店和二线职能部门。具体的工作内容主要有 5 个方面。

　　（1）制度：审查各部门的工作流程和管理制度，以预防和减少贪污或未按照制度执行的情况发生。

　　（2）个人工作流程、工作职责：监督个人的工作流程、工作职责的执行情况，并记录和跟踪其精进的情况。

（3）会议内容督办：对公司、门店、职能部门的会议记录进行备案，检查会议内容落实情况、会议问题的改进情况。

（4）公司高管交办的工作：对公司高管交办的工作进行项目制的挂牌督办，定期汇报督办进展。

（5）重大项目的督办。

二、督办中心的信息收集

设立专职的督办人员，负责收集海底捞各方面的信息，收集的方式包括主动收集与员工举报。

主动收集的信息主要是公司及一级阿米巴层级的制度、工作流程，店经理级别以上人员的"三思而行"、工作日志、工作流程等，公司及一级阿米巴的会议纪要及催办单，领导指定挂牌督办的工作内容。

员工举报方面也有两个维度。首先是匿名举报类（海底捞各部门收集的举报信息来自月刊、工会、员工呼叫中心、举报热线等），督办专员将每日收集的信息制成简报分级上报，7个工作日内完成信息处理；其次是实名举报类，督办中心负责人必须安排调查，原则上每次处理都应当在3个工作日内及时告知举报人处理进度。

三、督办中心的工作方式

1. 流程制度审查

督办中心根据举报的信息，通过个案体现出的可能存在的普遍问题，确定制度或工作流程的审查主题，并由督办中心确定由内部人员兼职或外聘专业人士组成专项调查组。专项调查组起草审查提纲，收集分析材料，撰写审查报告，并将审查报告提交给咨询委员会审核。咨询委员会讨论决定后交付执行，对制度或流程进行修订和改善。

2. 个人工作流程、工作职责、会议催办的抽查

根据举报信息或海底捞近期重点关注的工作内容，督办负责人确定个人工作流程、工作职责、会议催办的抽查内容。在催办时间节点之后开始抽查。会议催办分为公司层面和部门层面，公司层面的是全面调查，部门层面的是抽查。

3. 挂牌督办工作

部门或干部个人可委托督办中心进行挂牌立项督办工作，督办中心将根据相应的督办流程进行督办。

4. 工作汇报机制

重大事件随时通报，涉及人品、高压线的举报在 24 小时内形成简报，报督办负责人审查。督办负责人根据情况做出立案调查、转其他部门处理或者收集更多材料再行处理的决定。实名举报的，在 8 小时内告知举报人进展，72 小时内以书面形式回复处理结果。

四、督办结果奖惩

1. 处罚

对执行情况或完成情况有问题的督办对象的处罚分为三种：提醒、罚款并通报批评、降级 / 撤职。

主要从流程制度、会议催办、举报投诉三个方面，分组织层级，按督办层面的重要性进行处理。对屡督不改者的处罚升级，在原有罚金基础上逐次翻倍。严重者降级或撤职查办，违反一条记一次。

2. 奖励

督办中心每月对督办的部门或个人的执行率从高到低进行排名。执行率包含对制度、流程、会议催办、七个不放过催办及其他挂牌立项督办的执行情况。督办中心对执行率进行 A 级（排名在前 1/3）、B 级（排名在中间 1/3）、C 级（排名在后 1/3）定级，并给予相应的现金奖励。

五、督办人员及举报人的权益保护

由于督办中心的工作性质特殊，因此保护相关人员的权益就显得特别重要。只有保护好他们的权益，他们才能安心地做好督办工作。

1. 组织设计

督办中心负责人有相对独立的督办权和对督办人员的任免奖惩权。对督办中心负责人的解聘及处分，必须由办公会、董事会、监事会成员中的任意一人提议，通过直接投票，一半以上人员附议方能生效。对督办中心其他成员的任免、薪酬和福利的安排、奖惩，由督办中心负责人决定，不受第三方干涉。

2. 举报人的保护与激励

督办中心不得披露举报人的有关信息资料，若举报人不愿公开自己的姓名和行为，可以隐匿身份、工作部门等真实情况；可以允许举报人以音频、文字等形式提供信息。督办中心可以拒绝相关部门要求提供举报人的信息的请求，关乎企业安全和重大公共利益等少数情况例外。

举报材料经调查基本属实的，给予举报人相应的现金奖励。

举报人因为举报而引起的财产损失，海底捞给予补偿；问题的当事人指责、威胁、辱骂、殴打、变相打击报复举报人的，或者以贿买等方式阻止举报人举报的，抑或事后施压、为难举报人的，海底捞将对当事人予以OA通报，并将通报结果作为年终考评依据之一。

举报人身份被公开后，如果受到不公正待遇，举报人有提出申诉的权利，可提出调店、调部门的请求。督办中心将查明事实，相关部门负责人或副总必须予以合理安排。

3. 督办专职人员的权益保护

督办中心有权匿名发表督办报告。督办中心可以拒绝提供相关部门要求提供的项目督办人的信息，关乎企业安全和重大公共利益等少数情况例外。

除此之外，督办中心专职人员在具体工作中还享受与举报人同等的个人保护待遇。

专职或兼职人员所负责的项目，能够及时挽回公司损失的，按预计损失成本的一定比例给予奖励，应即时评价，由督办中心负责人提出，董事会决议通过。

海底捞督办规则的独特之处有两个方面：一方面是考虑到负责这项工作的人的处境——容易得罪人，费力不讨好，因此给予他们足够的权益保护；另一方面是对举报人的保护与奖励，让更多的人自愿、积极、主动举报问题。

如果没有以上两点，督办内容再全面，督办工作的执行力也会被大打折扣。督办的目的是提高执行力，督办工作的执行力水平会决定海底捞最终的执行力水平。因此，对督办工作规则的合理设定就显得尤为重要，需要下大功夫进行精心设计。

执行力积分

在海底捞，执行力不只是一句口号。上一节讲了用督办来监督员工提高执行力，这是组织的要求。这一节将介绍海底捞如何让员工自发、自动地提高执行力。为了解决这个问题，海底捞在制度设计层面与员工个人的利益进行捆绑，让员工真正关心执行力，并引导员工养成高效执行的习惯。执行力积分就是海底捞设计的一个提高员工执行力的工具，它被直接应用到员工的月度/季度PBC考核上，与员工的绩效工资、奖金、晋升相关联。

对于执行力的评价，主要维度有哪些？

一、流程制度的执行情况

该项初始得分为100分，采取倒扣分制。

不按海底捞流程（月、日工作流程）、制度（包含流程制度创新落实情况）执行的，一项扣10分，知情不报者折半扣分，直接领导折半扣分（注：如果该问题由直接领导发现，则直接领导本人不扣分）。

二、催办与工作计划

该项初始得分为100分，采取倒扣分与加分制。

催办工作未按时完成，一次扣10分；催办工作的完成质量由催办评价人进行评价，分为A（优秀）、B（合格）、C（不合格）三级。如果评价为A级，则一次加5分；如果评价为B级，则不加分也不扣分；如果评价为C级，则一次扣 5 分。

领导交办的工作由交办人进行评价，分为 A（优秀）、B（合格）、C（不合格）三级。如果评价为 A 级，则一次加 5 分；如果评价为 B 级，则不加分也不扣分；如果评价为 C 级，则直接罚款 50 元。

工作计划未按时完成，一次扣 10 分（总经理直管人员的工作计划提交至督办中心）。工作计划完成质量由直接上级进行评价，分为 A（优秀）、B（合格）、C（不合格）三级。如果评价为 A 级，则一次加 5 分；如果评价为 B 级，则不加分也不扣分；如果评价为 C 级，则一次扣 5 分。

总经理直管人员的流程制度执行情况、催办与工作计划由督办中心监督考核，结果由督办中心在 OA 系统中记录；其他人员由部门自行考核，每月 5 日前，由部门文员在 OA 系统中录入上月本部门人员的执行力得分，督办中心抽查。

执行力积分出来后，如何应用呢？海底捞对一些细则也考虑得非常全面。

当月 / 季度的执行力积分大于 100 分的人员，绩效指标中的执行力记满分。

对当月 / 季度的执行力积分大于 100 分的人员，各部门酌情奖励。

当月 / 季度的执行力积分低于 50 分的人员，请上级喝咖啡。

当然，如果员工对执行力得分有异议，有申诉的权利，海底捞也鼓励员工积极维护自己的权益。如果申诉成功，则额外加 10 分；如果申诉失败，则额外扣 5 分。

为了贯彻落实好执行力，需要以典型案例为切入点，一件一件地抓，把每件事情都抓彻底，要让员工在这个过程中受到教育，让员工逐步养成流程化操作、制度化管理的习惯。

骨膏呆滞库存问题就是一个典型的案例，该问题的出现是由于海底捞的员工对流程制度的执行力比较差。一方面是因为宣导力度不够，另一方面是因为员工的流程制度意识不强，缺乏按流程操作的意识。

海底捞针对骨膏案例制订了短期工作计划。

（1）针对该事件对蜀海公司进行通报批评（因为没有按照《海底捞会议管理办法》及七个不放过的工作方法落实）。

（2）督办检查骨膏案例催办单的落实情况。

（3）要求所有员工学习该案例，抽查对案例的学习情况。

由此案例开展的一些延展性的工作计划如下。

（1）会议管理。

① 20××年3月20日，各部门组织学习《海底捞会议管理办法》。

② 20××年3月20日前，总经办抽查各部门1、2月份的会议议题资料、会议记录及催办完成情况。

（2）加强对七个不放过方法的学习。

① 20××年3月20日前，各部门组织学习七个不放过，总经办抽查学习情况。

② 20××年3月25日前，总经办抽查客服1、2月对A类问题的完成情况。

海底捞的执行力建设用的是一套组合拳，从不同维度进行建设，形成立体的全方位的制度，并最终打造了一支有纪律、有素质的队伍。

● 较劲的会议管理

对于会议管理，越是高级别的管理者，越有深刻的体会。就我个人的观点而言，一个企业的会议管理水平，最能体现该企业的经营管理水平。因为会议管理囊括了管理学中的计划、组织、沟通、领导与控制等几个核心要素。

我刚入职海底捞的那段时间，对海底捞的会议完全没头绪，主要是因为会议比较多，时间比较长，会后的事情还很多。

跟海底捞的另一个高管聊天后得知，他的感受跟我差不多。因为他之前在世界 500 强的外企工作，所以对海底捞的会议有些不适应。

关于会议管理，海底捞也出现过会议效率不高的问题。大家的责任心越强，会议越多，如果没有科学的讨论方法，会议时间会越来越长，个别会议甚至开到深夜。

海底捞下决心要解决这个问题，并专门出了一个会议管理办法，内容非常简洁，只写了关键的条款。我对此管理办法印象非常深刻，因为在大概 10 天的时间里，这个制度被修订了好几次，每次都在 OA 系统进行公布，并且每次都只是修订一句话或者几个词。但在海底捞人眼里，这很正常，因为"简单""快"就是海底捞。

下面我们来看一下这个制度都有哪些内容。

第一条：会议组织者提前发出会议通知，通知内容包括会议的名称、议题、时间、地点、参会人、需要带的资料。关于突发事件的临时会议，会议组织者须发微信、短信或打电话通知参会人。

第二条：会议资料的收集。

（1）例会。参会人须至少提前3天将会议议题及会议资料发给会议组织者。

（2）突发事件的临时会议。参会者须至少提前2个小时将会议议题及会议资料以邮件或短信、微信等可查可看的形式发给会议组织者。

（3）没有按时提交的，按照《督办奖惩条例》处理。

第三条：会议资料的派发。

（1）例会。会议组织者应至少提前2天将会议资料和会议议题派发给参会人员。没有按时派发的，按照《督办奖惩条例》处理。

（2）突发事件的临时会议。会议组织者应至少提前1个小时将会议议题及会议资料以邮件或短信、微信等可查可看的形式发给参会人。没有按时派发的，按照《督办奖惩条例》处理。

第四条：会议召开时间一旦确定，不予变更，如须变更，报上级领导批准后方可变更。

第五条：各级会议的第一个议题必须是回顾和评估上次会议议定事项的完成情况。

第六条：会议主持人须围绕会议议题开会，确定会议具体的发言时间。

第七条：参会人员按照级别从低到高的顺序发言。

第八条：凡参加会议者，必须发言。

第九条：会议须指定会议记录人，做好会议纪要并形成催办单发给相关人员和督办中心。

第十条：会议催办单的内容包括工作内容、责任人、考评日期、考评关键点、考评方式、评估人、评估完成时间、责任人的奖惩情况、监督单位的复核情况。

第十一条：评估人原则上为责任人的上级，或由上级指定其他具备评估能力的人来担任。催办责任人在提交任务的同时，根据责任人奖惩情况所列内容向评估人提交自评，评估人必须以书面形式（邮件、微信、短信等可查可看的形式）于评估完成日期前回复催办责任人评估结果。

第十二条：督办中心不定期对催办单的完成情况进行督办。

除了上述要求，海底捞后来还要求对所有会议进行录像，采购部负责采购录像设备，信息部负责建设会议录像管理系统，综合事务部负责管理会议录像管理系统。

对于会议录像，海底捞有明确要求。

（1）会议实行全程录像，保证所有出席人员视像清晰、录音清晰。

（2）会议录像在会议结束后7日内，由会议记录人进行编辑，并上报会议主持人审核。会议主持人审核通过后，由会议记录人将会议录像上传至录像管理系统。

店经理都做什么?

在人力资源管理的几个模块中,绩效管理是重中之重,而绩效管理又分为过程管理与结果管理。过程管理是对结果的分解,有了好的过程,才可能有好的结果。海底捞比较强调过程管理,绩效管理都是围绕过程进行考核的。至于如何考核过程,那就需要好好考虑了,因为管理确实是一个精细活儿。

为了更好地评价每个岗位的工作内容,海底捞按照时间轴的分布,为每个岗位明确了日、周、月工作流程,以文字的形式呈现,并以此为标准,把每个岗位的人员对工作流程的执行情况纳入评比、晋升与绩效考核中。

下面以店经理的工作流程为例,看看他们每天的工作究竟是什么。

一、店经理的岗位职责

店经理的岗位职责如下。

(1)对全店的经营管理负责。

(2)对全店人员的成长负责。

(3)对门店顾客的人身安全、财产安全、食品安全负责。

(4)维护门店的外部关系。

二、店经理的工作流程

店经理的工作流程如表 4-1~表 4-3 所示。

表 4-1　店经理每日例行工作

性质	工作项目	标准分数	执行效果自评
固定工作	店经理每周至少抽查一次前一天的收尾工作（物品的剩余及保管工作）、收货情况及员工生活	1	
	…	…	
	对于投诉信息或表扬信息及门店的大小案例，每天就有代表性的案例按照七个不放过原则召开三级例会，并提交会议纪要至 OA 平台，同时学习其他门店的三级例会纪要	5	

表 4-2　店经理每周例行工作

性质	工作项目	标准分数	执行效果自评
固定工作	1. 每周对顾客满意度、环境卫生、流程执行情况进行一次评比，并对结果进行奖惩	5	
	2. 召开例会：总结例会开展情况；总结前一周工作情况，并组织骨干利用七个不放过原则进行分析处理	2	
	3. 组织开展客户信息交流总结会，内容包括分析总结顾客缺陷率，并拿出解决办法；新老顾客信息的传递；服务技巧的研讨及培训等	2	
	…	…	

表 4-3　店经理每周例行工作

性质	时间段	工作项目	标准分数	执行效果自评
固定工作	1~3 日	1. 针对相关人员做安全培训及演习，内容包括顾客和员工的人身安全、财产安全、资金安全、食品安全、应急预案；关于方法和技巧，建议下载一些新闻素材供员工学习； 2. 分析店内爬山图（晋升路线），关注距离设定的冲 A 时间只剩 2 个月的小组，并上报小区经理； 3. 每月 1 日与员工确定效益工资，并签字	4	
	…	…		
	22~24 日	交叉巡店重点： 1. 认真完成小区经理安排的店经理交叉巡店工作； 2. 总结分店值得学习和共性的问题； 3. 根据店经理的需求进行巡店	2	
	22 日	反思本月各项会议的执行情况，落实催办单的工作	1	
	23~27 日	1. 评定工资，并上传至人力资源部邮箱； 2. 评定门店级别、小组级别及 2/3 骨干奖名单，并上传至小区经理邮箱	1	
	…	…		
弹性工作	根据具体情况不定期安排	1. 低峰期带顾客参观后堂，每月至少 10 桌	2	
		2. 亲情化工作：分析员工的衣食住行，如员工有困难，则拿出解决的办法；职业病的预防和控制；安排员工与异地子女视频；家访；给员工过生日；关注双职工两地分居事宜	3	

续表

		...		
弹性工作	根据具体情况不定期安排	15. 每月至少在家里组织两次所辖员工聚餐	1	
		16. 每月至少组织两次员工就近游玩（如公园等）	1	
		17. 与员工同吃同住（特别注意发工资后情绪波动比较大的员工）	2	
		18. 邀请客人到门店就餐，与客人沟通、交朋友	1	
		19. 每半个月评估下属对工作流程的执行情况	2	
		...		
合计			100	

注：由于涉及具体的工作内容，不便于完全展示，以上表格内容只是示意。

　　对餐饮业不了解的人，可能觉得不就是管理一个店吗，有什么难的？可是看了以上各项工作后，大家对店经理的工作一定有了一个全新的认识。要做好一个店经理，其实是一件挺不容易的事情，不只是管理100多个人这么简单，还有不少具体的事情需要去关注、去落实，不能有丝毫懈怠。

　　工作流程其实是对工作职责的细分，一项工作分得越细，就越便于评价与控制过程。过程控制好了，结果一般也不会差，这就是海底捞执行力管理的逻辑。

CHAPTER
05

第五章

创新

习总书记强调，创新是引领发展的第一动力。抓创新就是抓发展，谋创新就是谋未来，不创新就要落后，创新慢了也要落后。如何提升全员的创新积极性，提高创新质量，让创新在提出与执行过程中不受阻力，是每个企业管理者都要认真思考的问题。

◉ 业务创新

为什么要做员工激励？为了点燃员工的激情，而激情的表现形式就是员工自发、自动地不仅用双手工作，而且用大脑工作。创新就是激发出员工智慧的结果。要有好的创新，不仅要在创新落实规则上下功夫，更要在激励规则上做文章，只有两者有机结合，才能达到理想的效果。

在创新体系的建设方面，海底捞除了要求研发部门专职负责产品创新外，为了鼓励全员参与，让大家都有创新意识，创建企业的创新文化，海底捞还制定了相关的创新管理体系。其主要分为三个部分：业务类创新、流程制度类创新、命题创新。

本书主要介绍海底捞一线门店业务类的创新规则，相信去过海底捞门店就餐的人，都会对海底捞的创新有一些感受。

一、一线创新规则

1. 创新的提交（备案）及试验

任何人均可在创新平台上提交及查看自己的创新项目；任何人都可以垫付创新费用，先自行试验（自行试验阶段不可以以顾客为试验体），无须审批。

2. 创新试验费用的支付方式

海底捞创新试验费用的来源包括自费或借款，如果是借款，则需要由店经理以上级别人员审核，金额审批权限参照海底捞的授权管理制度。

3. 创新人及审核人的奖惩细则

普通员工申报的创新项目若在本店推广，则按照试验经费的金额奖励创新人与审批人，但奖励金额上限不超过 2 万元。若创新项目在小区成功推广，则推广完成后奖励创新人与审批人试验经费的 2 倍；若创新项目在全公司成功推广，则推广完成后奖励创新人与审批人试验经费的 3 倍。最后，根据创新项目的价值进行定级（包括 A 级、B 级、C 级），并给予相应级别的奖励。

普通员工申报的创新项目若试验失败，则创新人承担试验损失经费的 20%，但承担总金额不超过 1 万元。

店经理及以上人员申报的创新项目若成功推广，则根据创新的价值，按照 A、B、C 定级给予现金奖励与金豆豆等荣誉奖励；根据创新 A、B、C 定级分别奖励创新积分。

店经理及以上人员申报的创新项目若推广失败，则店经理承担审核费用的 10%，小区经理承担审核费用的 5%，大区经理承担审核费用的 1%。

4. 创新未通过审批时的处理办法

（1）员工：可以找 3 个以上领班认可，报店经理备案，同时将该创新项目在相应的组推广。

（2）店经理：可以找 3 个以上 A 级店的店经理认可，同时将该创新项目在相应的店推广。

（3）小区经理：可以找两个以上小区经理认可，同时将该创新项目在相应的小区推广。

（4）大区经理：可以找一个以上的大区经理认可，同时将该创新项目在相应的大区推广。

若两个月后创新项目推广成功，则上级需要审批通过，并根据创新奖励办法给予相关人员相应的奖励；相应的认可者和原创新人共同享受奖金（创新人享受 80% 的奖金，剩余部分由认可者平分），认可者得到相应创新积分的 50%。

二、创新评比

海底捞对个人创新的奖励，是从正激励的角度对每个人进行引导，不带有强制性。接下来从强制要求的角度，介绍海底捞对创新项目的评比与推广。

1. 一线对外学习评比

目的是鼓励一线干部开阔学习视野，广泛学习各行各业的先进经验，并学以致用，推动企业发展。

每个月，海底捞会对门店资料进行汇总和分类，并评出学习数量分。

每半年，海底捞会对各小区的学习效果进行调查、核实、评分，并评出学习总得分，在全公司公示、排名。

学习对象：各行各业。

学习地域：全球。

评比单位：以小区为单位进行评比。

评比原则：总得分 = 学习数量得分 + 学习效果得分。

（1）学习数量得分 = 小区学习次数得分 + 附加分。

①小区学习次数得分 = 提报的学习次数 ÷ 本辖区门店总数。

②附加分 = 提报的跨区域、跨行业的学习次数 ÷ 小区门店总数。

如果发现虚报对外学习的次数，则该小区本月学习次数得分为零分；如果整月学习次数得分为零分，则额外扣除学习数量分 5 分。

（2）学习效果得分 = 创新得分。

通过外出学习，把其中有价值的内容提报创新提案，如果创新办审核通过，则每一项通过的创新提案会有相应的定级得分。

2. 创新的推广

（1）推广落实。

店经理通过的创新项目，由片区自行考评推广效果。

小区经理审核通过的创新项目，由审核人制订推广计划，并备案至创新办公室，同时在所辖范围内进行推广，创新办公室根据推广计划跟踪创新项目实施效果。

总经理审核通过的创新项目，由总经理助理制订推广方案，并将创新项目推广方案发给小区经理，询问其是否选择推广，拒绝推广者需要说明理由，创新办公室将对同意推广者的推广情况进行跟踪。

（2）对创新项目推广的奖惩。

对一线的奖惩：在每个月的经营发布会上，由主管领导对本辖区创新项目的落实情况进行评估，给予 A、B、C 的定级，并在执行力表中给予 -20~20 分的奖惩。

对职能部门的奖惩：每个月末，对于在落实一线创新项目中表现突出或表现消极的职能部门，由一线大区经理向相应职能部门的上级提出奖惩建议，由相应职能部门的上级给予执行力加减分的奖惩，并与其绩效考评结果挂钩。

三、创新的难点

第一，规则的建设。规则建设的难点是如何激发全员的自愿参与意识，营造创新的氛围。

第二，创新项目的推广落实。从人性上讲，人们一般都抵触变化，不愿意改变现状，喜欢生活在自己的舒适区。如果某人提出了一个创新项目，则很可能会给采购部、运营部、研发部等其他部门带来麻烦。因为创新项目的出现会导致其他部门需要付出额外的劳动去实现它。如何保证其他部门接受创新项目也是一大难点。

从结果来看，海底捞一线的创新项目实施效果还是不错的，后面将用一个章节来介绍海底捞在服务创新上的成果。

对于一个餐饮企业来讲，不需要什么颠覆式的创新，只需要小步快跑，比其他同行稍微快一点即可。一个个微创新的叠加，就是一个大创新。只要你认真对待每个微创新，它将还你一个不一样的世界。

◎ 流程制度创新

海底捞在管理中有 20 个字，即"流程化操作，制度化管理，数据化考核，跟踪式监督"。流程制度建设在海底捞被提到一个前所未有的高度，海底捞还成立了流程管理部，专门负责流程制度建设。

所以，在海底捞的七个不放过分析中经常可以看到，解决问题的根本方法或者长期的改善方案，都是完善或制定流程制度，通过规则的建设，淡化个人主义，固化公司管理。在高管写的"三思而行"中也可以发现，他们很多时间都是在思考海底捞的流程制度建设；公司的督办体系也在检查相关流程制度的执行情况；对高级干部的绩效考核，也是对流程制度的建设与执行情况进行评比；在员工激励中，奖惩制度、评比制度，以及海底捞门店分裂复制的核心制度——冲 A 脱 C 等，都是海底捞管理人员在工作中不断思考、不断优化调整形成的规则。

有的公司的流程制度建设，只是在网上复制一份其他公司的，然后修改一下；有的公司虽然重视流程制度建设，但把这个任务交给了公司的人力或行政部门，其他部门不怎么参与；还有的公司确实重视流程制度建设，花钱聘请外部咨询公司制定流程制度，结果制定的流程制度虽逻辑严谨、形式完美，但是与公司实际情况不符；更有的公司搞运动式建设，发动全员写流程制度，完事后往柜子里一锁了事。

海底捞的流程制度建设，我觉得有几点是值得学习的。

首先，全员参与。每个人都有发言权，都可以提出修改意见，并且能从中获得收益。这个参与的过程就是员工认同的过程，能给流程制度的最终执行做好前期铺垫。

其次，全员宣讲。海底捞不是为了制定制度而制定制度，而是重视制度的最终落实效果。为了让更多的人理解制度，海底捞的很多制度都写得非常简单，没有套话、废话。通过宣讲，每个员工都能掌握制度。为了考察员工对制度的掌握程度，海底捞还会对员工进行考试。

最后，强调执行，把人治变成法治。在前文中关于海底捞对外债券投资七个不放过分析案例的介绍中有具体的描述。通过制度化建设，海底捞的管理由制度说了算，而不是某个人说了算。海底捞通过规则体系，使集体智慧的力量代替个人的决策，避免了个人英雄主义。

综上，流程制度的创新就显得比较重要了，它在海底捞创新体系中的重要程度是与业务创新并驾齐驱的。

流程制度创新激励的主要目的是，提高海底捞所有同事参与流程化、制度化建设的积极性，确保海底捞的流程制度更加高效、公平、合理、严谨。流程制度创新包括两种情况：制定全新的流程制度，对已公布的流程制度提出修改建议。

一、组织机构

为了有效地推进流程制度创新，海底捞在组织建设上成立了两个机构。

1. 流程（制度）创新委员会

（1）成员组成：总经理办公会成员、专业成员（必要时聘请的外部顾问、涉及专业部门时的部门负责人），其中流程管理部负责人为牵头人。

（2）主要职责：对流程制度创新的奖励金额进行评定，在执行过程中出现较大分歧时，进行最终裁定。

2.日常执行机构

（1）流程管理部为日常执行机构。

（2）主要职责：牵头组织、执行并及时完善流程制度创新规则。

二、奖金分配

对于创新流程制度的奖励，不同定级有不同的奖金，对谁做的贡献，也有相应的奖金分配。在分级上，海底捞流程制度分为 A、B、C 三个等级，A 类流程制度是指海底捞战略层面，如涉及海底捞发展方向、重大决策等方面的流程制度；B 类流程制度是指海底捞运营层面，如涉及主营业务、经营管理模式等方面的流程制度；C 类流程制度是指海底捞操作层面，如涉及具体操作方法、执行规范等方面的流程制度。

对于通过审核的流程制度创新，海底捞会根据 A、B、C 的等级奖励500~10000 元。其中，建议提出人的奖金为总金额的 40%，方案完成人的奖金为总金额的 60%。

三、 对修订流程制度的奖励

1.对建议提出人的奖励

（1）奖励费 = 处罚费 + 使用费。

处罚费是指对主责部门及流程管理部的罚款。

使用费是指该制度受益部门支付的费用。

（2）关于文字、语法等方面的建议，如果采纳，则给予表扬。

（3）关于方案内容方面的建议，如果采纳，则流程管理部根据其价值给予主责部门每条 30 元、50 元或 100 元的处罚，同时，确定"使用费"的受益部门。如果该条建议对海底捞的运营有重大影响，则流程（制度）创新委员会对该建议进行评级，达到 A 级、B 级的，分别给予建议提出人2000 元、5000 元的特别奖励。

（4）如果多人对同一条款提出相同或相近的建议，则谁先提出，谁受到奖励；如果同时提出，则平分奖金。

（5）对于主责部门主动修改流程制度的情况，根据修改内容的多少及价值，给予 100~5000 元的奖励。

2. 对主责部门的处罚

（1）主责部门是指该修改建议所涉及的流程制度的主责部门。

（2）主责部门承担"处罚费"95% 的金额，由主责部门相关人员进行责任划分（个人承担）。

3. 对流程管理部的处罚

（1）如果流程管理部是主责部门，则承担 100% 的处罚费。

（2）如果流程管理部不是主责部门，但负连带责任，则承担处罚费的5%，由流程管理部相关人员进行责任划分（个人承担）。

（3）如果流程制度的修改涉及专业判断，则流程管理部不承担连带责任，该 5% 的处罚费由主责部门承担。

4. 受益部门的使用费

（1）受益部门是指该修改建议的使用部门，如《门店骨干奖发放办法》的适用范围是门店，那么受益部门就是门店。

（2）对于被采纳的建议，每个门店、每个职能部门根据建议的价值，为每条被采纳的建议支付 5 元、10 元、15 元不等的使用费，计入海底捞创新费用。例如，《门店骨干奖发放办法》中有一条修改建议被采纳，门店是受益部门，那么每个门店需要支付 15 元使用费，100 个门店共计支付1500 元的使用费给建议提出人。

5. 其他情况

凡被采纳的流程制度建议，主责部门须在一周内完成修订（个别需要大范围调研和研讨的除外）。如果未及时执行，督办中心将按《督办处罚条例》进行处理。

以上就是海底捞关于流程制度创新的大概规则。从实施情况来看，海底捞一公布适用于全公司的制度，全员就会找问题，于是出现了大量的创新建议，导致短期修订工作量激增。但是从结果来看，制度越来越合理，越来越趋近海底捞业务的实际情况。海底捞通过集体的智慧、全员的参与，让流程制度真正在海底捞生根发芽，每个人也从流程制度建设中得到了实惠，这样的流程制度才会有顽强的生命力。

如果说宪法是一个国家的立国之本，那么作为企业的"宪法"，流程制度就是企业的立足之本，因此再怎么强调它的重要性也不为过。

命题创新

在海底捞的创新体系中，命题创新是一个重要的补充。大家也许会有疑问，既然海底捞已经有了创新的规则，让全员参与提报创新，那为什么还要单独再定一个命题创新呢？

其实，员工提报创新和命题创新是有一定区别的。让员工提报创新是正向激励，公司定规则，鼓励全员参与，提报创新是自下而上的行为。公司不定目标、不定方向，大家可以不受约束，放开了想，自由提报。

命题创新则是自上而下的行为，公司明确需要突破的重点方向，各部门提报方案，展开定向攻关，寻求创新突破，体现的是攻坚克难。

命题的来源主要有以下三个方面。

（1）业务中的重要问题。

（2）从员工提报的创新项目中筛选有价值的创新内容。

（3）高层领导提报的有重大价值的创新想法。

在操作程序上，由创新办负责命题管理，牵头组织命题的确认、创新活动的开展与最终的专家评审。

创新命题确认后向全公司发布，海底捞所有部门的人员都可以参与创新竞标，并以个人或者部门的名义针对创新命题提报自己的方案。属于工作职责范畴之内的创新命题，主责岗位必须提报自己的创新方案。

命题创新评审小组将从创新方案的适用性、先进性、预算费用等方面评审各小组及个人提报的创新方案，并指定创新实施小组或创新实施人。创新办公室将跟踪创新方案的落实情况，并在创新方案推广和落实成功后，按照相应的经济价值给创新定级，并进行奖励。

对于命题创新，海底捞也有相应的处罚。如果主责岗位竞标属于本工作职责范畴之内的命题创新方案失败，则该主责岗位将被施以现金处罚，该现金会被奖励给创新方案提报部门或个人。

由于每个人对创新的理解各不相同，因此海底捞给员工开通了申诉渠道。如果创新提报人对评估持有不同意见，则可以向海底捞创新办提出申诉，海底捞会进行二次核实评审。

从定性的结果来看，命题创新解决了海底捞的很多问题，让海底捞在一些重要领域实现了突破。命题创新针对性强，与海底捞的业务匹配度高，公司关注度高，并且能协调跨部门资源，单个创新的价值贡献非常大。这种创新模式很值得借鉴与推广。

可能有人要说，命题创新与公司的重点工作计划没有什么区别。其实二者还是有区别的。重点工作计划是公司分配到各部门的纳入 KPI 考核的项目，而命题创新的核心是集全体员工的智慧方案进行力出一孔的攻关，攻克公司需要突破的重大难题，并且公司会给予创新方案提报部门或个人奖金激励，与绩效考核的方式和结果应用都不一样。

学习互助小组

为了进一步强化创新意识，营造创新环境，在组织层面打造创新的群体，海底捞倡导成立学习互助小组。

成立互助小组的主要目的是对外学习、内部学习、交友、互相帮助，建设学习型组织。

一、组织原则

经理及以上人员为组织者，全员都是参与者。学习互助小组以部门为单位或跨部门自发组成，一人可同时参加多个小组。

第一次成立的小组须自己取名，报人力资源管理部批准备案；每个小组的人数为 5~20 人；学习小组须设组长一名、副组长一名、财务人员一名，民主选举产生，任期半年，不得连任，可间隔一次续任；新成员加入必须由两名老成员推荐，组长批准；成员退出时由本人向组长口头申请即可，费用由财务人员核算后予以退还。

二、费用管理

自筹与海底捞拨款相结合，各占一半；基层上限为人均 500 元，中层上限为人均 1500 元，高层上限为人均 3000 元；自筹部分可由成员自费，也可由领导捐赠，海底捞不做强制规定；会费使用由组长、副组长、财务人员民主决定；每季度末凭票补齐会费。

三、学习效果评比

每季度、年度，海底捞将从学习的目的、内容、收获和心得，通过哪种方式解决了工作中的哪些问题，制订了哪些改善计划这几个维度组织学习小组评比，并根据评比排名给予相应的奖励。

我自己也曾参加过一个学习小组，从我的体会来看，进行学习小组评比确实能起到较好的效果，主要体现在以下几个方面。

首先，评比会激发小组成员的斗志，大家会主动进行外部学习，如参观企业、对标、人员交流等。对于海底捞而言，小组通过外部学习，可以带回其他公司好的经验；对于个人而言，在学习过程中，成员可以得到进步，可以提升眼界。

其次，学习互助小组是一个非正式组织，有些小组成员还是跨部门的，成员之间多了很多沟通交流，这样能很好地提高员工在工作中的沟通协调效率。组建学习互助小组相当于特殊形式的团建，起到了意想不到的效果。

再次，由于经费是个人出一部分，海底捞进行相应的拨款，所以大家会觉得是在花自己的钱，组织学习的时候会更加用心，不会随意浪费经费。

最后，小组学习的目的性很强，学习内容有针对性，所以学习的效果会比较好。通过学习，成员的很多想法会在工作中落地。相比外派培训，学习小组的学习内容在工作中的转化效率会更高。

学习小组是海底捞创新体系在组织层面的一个有效补充，在整个海底捞形成了个人创新与组织创新相辅相成的局面。

个人的力量或许是微小的，但组织的力量是强大的。在这个组织中，每个人都能找到归宿，因为海底捞有那么多学习互助小组，每个人都能找到一个合适自己的。

小创新，大能量

在海底捞一线门店，每个月都会有上千个微创新，正是这一个个微创新，推动了海底捞的大创新。接下来，我将介绍几个比较有意思的果盘服务创新案例。大家能从中感受到每个员工都是在用心服务顾客，用心思考创新，把海底捞的核心理念（顾客满意度）不带痕迹地融入其创新行为中。

以下水果拼盘案例都是由员工自述，没有进行过多润色，能更好地体现微创新的魅力。

【创新案例一："电话"果盘】

今天第二轮的客人一进包间就说："吃个饭怎么就这么难呢？"我听后就记在心上了，想着待会儿给他们拿张名片，告诉他们下次早点订餐。在服务的途中，我突然想到可以给他们一个特别的"名片"，于是我就给他们做了这个"电话"果盘。客人看到后非常满意，抱怨也就没有了。

【创新案例二：吉祥三宝】

　　郭哥大概有一个月没有来就餐了，今天看见他带着自己的老婆和儿子来就餐，还带了一个蛋糕。不用问了，他们之中肯定有人过生日。我上前跟他们打了个招呼，得知郭哥这个月出差去了，老婆与儿子回了一趟老家，一家人一回北京就到我们这里来就餐了，而且今天刚好他儿子过生日。询问完他们的情况后，我就对他们说，有什么需要的话就对我说。

　　今天生意不是很忙，我就去水果房给郭哥一家做了一个果盘，名为"吉祥三宝"，喻意幸福的三口之家。果盘是用橙子做的，希望郭哥一家三口心想事成。我还准备了一个小坦克玩具，给他们送了过去。郭哥虽然不喜欢热闹，但是今天是个特别的日子，为了孩子高兴，我们还是给他们一家庆祝了一番。孩子可高兴了，郭哥说："来你们这里总会有意想不到的收获。"

【创新案例三：如鱼得水】

　　今天113号来了4位客人，我从他们的交谈中得知其中一位客人刚升任部门主管，他们几个哥们儿是过来庆祝的。在不忙的时候，我就让搭档帮忙照看，自己去水果房做了一个果盘，名为"如鱼得水"。等113号的客人吃得差不多时，我就将果盘端了过去。他们很诧异地说："还给我们送个果盘呀！""刚才听你们说，这位大哥高升了，我也来祝贺一下，特意给您做了一个'如鱼得水'的果盘，希望您在以后的日子里如鱼得水，步步高升。"他的朋友鼓掌说："说得好，今天来海底捞算是来对了。"

【创新案例四：开心笑脸】

今天我在93号区域帮忙，发现95号的女客人很不开心，眼睛哭得红红的，男客人也不高兴，怎么才能让他们开心一点呢？我提醒当台服务员尽量不要打扰他们，然后我就给他们做了一个"开心笑脸"果盘，又做了一张祝福卡，上面写着："我也不知道你们为什么不开心，两个人能走到一起就是一种缘分，相互包容、相互体谅，你们就会相亲相爱一辈子！王府井海底捞所有小伙伴祝你们天天开心！"女客人看了以后，望了男客人一眼，开心地笑了。

【创新案例五：爱的约定】

　　北京十五店自从有视频包间后，一直都很受外界关注，尤其受到年轻人的喜爱。情人节订视频包间的是一位男士，应该是一对情侣吧，我和对面的服务员分别准备了巧克力和一朵玫瑰花。订餐的许哥来了以后告诉我："由于工作需要，女朋友现在在上海，没办法一起过情人节。看到微博上说海底捞有智真厅，就在女朋友不知道的情况下预订了这个包间。"看到许哥这么用心，我也准备了一番。吃饭的尾声，我把灯关了，在他俩还没反应过来的时候，我们送上了果盘，并齐声唱着"情人节快乐，快乐情人节……"许哥感到特别意外，几句简单的对话后，我告诉他们这个果盘（爱的约定）是特意为他们做的：一双翅膀，代表许哥此时此刻特别想飞到女朋友的身边，在许愿树下许愿一定要爱女朋友一辈子。随着音乐的响起，我们与许哥一起跳了起来，祝他们开心快乐，视频那端许哥的女朋友高兴地哭了，她说海底捞让他俩过了一个最快乐的情人节。

【创新案例六：节节高】

　　赵哥是我们店元老级别的顾客了，他平时不爱喝酒，每次来都是与一帮好朋友聚餐。这天晚上，赵哥又带着一群朋友来就餐，与以往不一样的是，我发现他带了一瓶红酒。我就在想，难道今天是什么特别的日子吗？

这时候我听到赵哥的朋友说："老赵啊，今天你高升，我们得狠狠'宰'你一顿！"我这才知道，原来是赵哥被公司提拔了。

我们的老顾客职业发展取得了突破，我也非常高兴。于是，我就到水果房为他精心准备了一个很应景的果盘：节节高。用黄瓜做的竹子，外边用小番茄做点缀，寓意赵哥和其他客人的职业发展如春竹般节节高升。我把寓意对赵哥他们说了，又让我们店的小乐团给他们演奏了一首《都要好好的》。赵哥他们可高兴了，一再地表示感谢。

【创新案例七：比翼双飞】

今天下午3号桌来了一位姐姐，她一直在等人。后来，一位男士带着一个蛋糕过来了，我才得知那位姐姐今天过生日。于是，我马上帮他们把蛋糕存了起来。

在用餐过程中我发现，他们关系很亲密，我就叫我们的领班做了一个"比翼双飞"的果盘，又准备了一个有意思的零钱袋当礼物，上面印着"大款"二字。等他们吃得差不多时，我们就唱着生日歌把果盘给他们送了过去。当时，他们的表情真的没法形容，不知道是因为果盘好看，还是因为感到意外。我对他俩说："这个果盘就是祝福你们能比翼双飞，相亲相爱；这个礼物是一个钱袋，但是必须要由您的男朋友亲自送给您，他以后所有的收入都归您。如果他欺负您，海底捞就是您的娘家，您就是我们的姐姐，有我们给您撑腰。"

　　这位姐姐听后很激动、很开心，非要给我50元的小费。我知道我的服务得到了他们的认可，相信他们会记得我们海底捞做的这个精美的果盘和那个既有趣又温馨的钱袋。

　　以上都是一些小小的创新，不会直接带来多少经济价值，但是试想一下，如果这样的事情有成百上千件，会不会就能带来巨大的经济价值呢？很多人可能会说，不一定，因为这些创新都是需要成本的。

　　我们换一个角度，可能就会有不一样的答案。打开网站，随便搜索一下关于海底捞的评价，你会发现很多段子，或者是很多顾客上传的好评，其中就不乏这样的创新服务案例，比如，一个人去吃饭时，海底捞会在座位对面放一只大熊陪着，让顾客不觉得孤单。

　　金杯银杯，不如顾客的口碑。服务创新赢得的不是一时的经济价值，而是顾客的口碑。相比动辄上亿元的广告推广，这样靠顾客的口口相传得到的口碑会更有价值。所以，从这个角度来看，这些创新都是无价的。

你认识流程管理部吗？

海底捞为了建设流程制度，加强流程制度创新，设立了一个新的部门：流程管理部。前文也提到过几次，但没有详细介绍。

很多人会好奇，这个部门具体是做什么的呢？关于这个部门，大家一定会有很多疑问。下面我将一一进行解答。

第一个问题，为什么成立流程管理部？

流程管理部，是一个其他的公司很少有的部门，是一个成立于海底捞改革特殊时期的部门。出于必须提高海底捞流程执行力的考虑，海底捞高层成立了流程管理部。流程管理部的成立，既是为了推动海底捞流程化、制度化、规范化管理工作，也是为了树立"全员流程管理"和"流程持续优化"意识，还是为了加强"以流程为导向"的跨部门协作关系。

从一开始流程管理部就肩负了建设制度的重任。它的成立绝不只是为了当作摆设，而是要对海底捞关键的管理流程制度，特别是跨部门的协作流程制度进行梳理、优化、审核、监督、评价等。

第二个问题，何为流程？

首先，流程是分层次的。大家一谈到流程，最先想到的就是第一步做什么、第二步做什么，这的确是一种流程，但这只是"末阶流程"。其实从一个企业来看，最高一级的流程应该是公司在整个行业价值链中的位置，例如，将业务延伸到蔬菜种植，下一级流程是公司内部的价值链；把销售、研发等业务外包出去，或是在公司内部建立销售部、研发部，再向下一级是跨职能领域的流程；在新店开业这个大流程中，拓展部、教练组、技术管理部、信息管理部、财务管理部、人力资源管理部、工程管理部等各部门应该在什么节点介入，应该分别做哪些工作等，再向下一级是一个职能领域内部的流程；人力资源管理领域的招聘与培训之间是怎样的衔接关系；等等。层级越低，流程的数量就越多；规模越大、发展越规范的公司，流程的数量就会越多。可以说，流程是无处不在的，事无巨细都和流程有关，只不过有的表现为文件制度，有的表现为习惯或者口头约定，没有被固化下来。

其次，海底捞的流程指的是广义的概念。从字面上理解，流程更多的是指那些具有明显的时间顺序或先后步骤的制度。但是，流程管理部的工作范围不仅是字面上的理解，还泛指公司的经营管理模式、宏观组织架构、业务流程、管理流程、管理方案、管理制度、管理办法、管理条例、相关表单和模板等。

第三个问题，何为流程管理？

流程管理部的工作由下面的一系列工作组成。

（1）流程分类。一个公司的流程非常多，如果不分类，则如一团乱麻，不好管理。海底捞根据流程对公司的重要性、与公司经营管理的关系，以及跨部门的工作衔接等，将公司的流程划分为三大类：A类、B类、C类。A类流程是指至少需要3个以上部门衔接，并且涉及公司核心业务、核心经营管理模式的关键流程，如新店开业跨部门管理流程，新产品论证与推广跨部门管理流程，物料主数据维护流程等。B类流程是指某一部门为主责部门，与其他部门有重要工作衔接的流程，如干部选拔流程、外部招聘流程、固定资产管理流程、付款流程、外部关系管理流程、食品安全管理流程、IT服务台事件管理流程等。C类流程是指以部门内部为主，与其他部门的工作衔接较少或者衔接关系相对不重要的流程。

（2）流程梳理与优化设计、流程文件制定或修订、流程文件审核与发布。每个部门在制定或修订流程制度时，难免会"只见树木，不见森林"，流程管理部此时就要发挥作用，从专业的角度审核这些流程制度是否合理，是否还需要完善，是否还需要征求相关部门的意见，是否与其他部门主责的流程制度相互冲突，等等。

（3）流程管理培训、流程文件宣讲。流程管理是一项难度比较高的工作，需要比较强的逻辑思维能力和全局视野。为了推动全员流程管理，流程管理部要定期或者不定期地把流程管理的基本意识和基本方法教给员工。另外，关键的流程制度出台后，流程管理部也要组织、推动主责部门进行广泛的宣讲工作，从而让该掌握的人掌握，让该理解的人理解。

（4）流程执行情况的检查与奖惩。流程制度制定出来了，如果不执行，那就是一堆废纸。因此，流程管理部的一个主要责任就是，牵头对流程制度的执行情况进行检查和奖惩。

第四个问题，谁来做流程管理工作？

就像人力资源管理工作绝非是人力资源管理部一个部门的工作一样，流程管理工作也绝不仅是流程管理部一个部门的工作，应该是"全员流程管理"。

从流程管理的组织结构来看，更容易理解何为"全员流程管理"。流程管理的最高决策机构是总经理办公会，执行机构包括流程管理部、职能部门负责人、各部门兼职流程管理员等。流程管理部负责对公司的经营管理模式、宏观组织架构、流程体系、重大跨部门流程等进行梳理、优化设计和组织落实；职能部门负责人负责对本部门承担主责的流程和部门内部的流程进行梳理、优化设计和组织落实；各部门需要至少指定一名人员为兼职流程管理员，配合流程管理部的工作，当公司需要时，兼职流程管理员必须全职参与流程管理工作。各部门的员工首先要执行流程，其次可以提出自己的完善建议，也可以对不执行或者执行不力的行为进行投诉。

前文提到流程是分层次的，一个公司的流程会有很多，流程管理部更加关注那些属于公司级别的、会影响公司经营管理模式和核心业务的、跨部门的重大流程。而那些属于某个部门业务范围的流程，则首先应该由各主责部门承担起不可推卸的管理责任，不能因为有流程管理部，就认为这些都是流程管理部的工作。在流程制度执行过程中，如果部门之间产生严重分歧或者不配合，流程管理部可以介入，根据流程制度的相关规定进行协调解决，或者在流程制度尚未建立健全的情况下，根据"做人做事何为正确"的原则进行公平、公正的协调解决。如果还不能有效解决，就需要提交给总经理办公会进行裁决。

第五个问题，流程管理的根本目的是什么？

流程管理的根本目的是提高执行力。

在流程管理部主责或协助某个部门对流程进行梳理、制定、审核、发布、监督的过程中，哪一个环节都少不了各相关部门的支持与配合。例如，新店开业跨部门管理流程为公司的 A 类流程，主责部门虽是流程管理部，但是涉及公司的十几个部门，包括教练组、工程管理部、拓展部、物流部、采购部、技术管理部、人力资源管理部、综合事务部、财务管理部、品牌管理部等。一个流程好比一出戏，每个部门好比戏里的一个重要角色，要把这出戏演得尽善尽美，就需要每个部门都有全局观，在自己该出场的时候就出场，该退场的时候就退场，该为下一个角色交棒的时候一定要及时准确地交棒。否则后果就是，如果整出戏演砸了，其他人要因某个人的失误而白费功夫。

第六个问题，如何帮助大家提高执行力？

首先，要养成制订工作计划的习惯。综合考虑以前的经验、现实的约束、工序之间的衔接关系、可能的风险等因素，把时间进度、主要工作内容、责任人等全部明确下来。同时，要学会把大的工作一层层地分解为小而具体的工作，并能够落实到个人。因为很多工作不是一个人能完成的，它需要团队配合，所以做好周全的计划，充分发挥团队的力量，组织执行力自然会提高。

其次，交代工作时要明确。向下属交代工作时，要选对交代的事项，选对要交代的人，并且要向下属讲清楚工作完成的时间和标准等。向其他部门交代工作时，也要把与工作任务相关的时间、内容、标准等说清楚。这样可以节约时间，而节约时间就是最直接的提高执行力的体现。

再次，要做过程跟踪及阶段反馈，向上级及相关人员阶段性地反馈进度。如果是部门之间的合作，谁是需求提出部门，谁就负责过程跟踪。例如，我要送礼物给别人，我就是需求提出部门，我要跟踪快递公司是否送到、何时送到、送到手的东西是否符合我预订的礼物标准……如果我不跟踪，便一无所知，结果若有偏差，受损失的还是作为需求提出者的我。由此可见，过程跟踪相当重要。阶段反馈就是要在过程中及时沟通、多沟通，对关键的阶段反馈信息要及时记录下来，让相关部门清楚进度、状况，发现问题后不要等到不可挽回时才说出来，因为沟通的目的是"解决问题"，而不仅仅是"说出问题"。不怕有问题，只怕问题出现了却没有及时发现和沟通。如果问题及时被发现了，并且沟通到位，使问题及时得到了解决，那么执行力自然就体现出来了。

最后，要做到过程提醒。一项工作没有完成、做得不好，虽然是各部门的责任，但没有及时提醒和督促就是主责部门的责任了。例如，新店开业跨部门管理流程，主责部门是流程管理部。如果各门到该执行任务时不执行或执行不到位，并且被提醒过，那么各部门就要承担相应的责任；如果流程管理部没有及时提醒各部门，导致新店开业进度受到影响，那么流程管理部就应承担责任。做到人人有事做，事事有人管，整个组织的执行力是不可抵挡的。

要提升执行力，仅仅依靠一些方法还是不够的，还需要加强监管力度。为此，海底捞特别出台了《关于收集流程（制度）执行投诉信息的通知》和《海底捞流程（制度）执行奖惩制度》，搭建了一个在流程执行方面相互监督的平台，用制度确保全员执行力的提升。

通过以上介绍，大家对流程管理部应该有了初步的了解。之所以会把它的介绍放到"创新"这一章，是因为这个部门的成立本身就是一个创新，并且在流程制度创新的管理及建设上，它是具体落实的管理部门。有了它。海底捞就不用担心流程制度创新的落实推进了。

他山之玉：创建生物型组织

海底捞的学习能力是比较强的，对于行业热点与先进的管理理念，海底捞都会进行学习与思考。海底捞有一个学习环节称为"他山之玉"，总经办会定期收集一些文章，整理后发给内部员工学习。下面这封邮件就是蜀海总经办发给全员的。

一个组织有没有活力，其组织的学习能力是一个评估的重要维度。在这方面，海底捞非常强调个人与组织的学习能力，并且通过激励、考核、评比等各种手段，努力在海底捞营造学习氛围。有了学习能力，才会有创新能力，这是海底捞的一个基本逻辑假设。

【总经理办公室按】

海底捞能发展到今天，得益于组织自身不断地创新与优化，俨然已经成为行业内的一个标杆。但是穿过行业的界限，我们发现还有一些优秀的组织在创新着、进化着……

下文是马化腾最近致大家的一封信，其中的互联网思想、创建生物型组织的思想，尤其值得我们海底捞人学习和思考。

互联网是一个开放交融、瞬息万变的大生态，企业作为互联网生态里面的物种，需要像自然界的生物一样，各个方面都具有与生态系统汇接、和谐、共生的特性。

从生态的角度观察思考，我把14年来腾讯的内在转变和经验总结为创造生物型组织的"灰度法则",这个法则具体包括 7 个维度:需求度、速度、灵活度、冗余度、开放协作度、创新度、进化度。

......

限于篇幅,这里就不全部展示这封邮件的内容了。公司号召学习马化腾的这篇文章,如果从文章中提到的 7 个维度来评价海底捞,那么海底捞应该会得一个不算低的分数。

一、需求度

用户的需求是产品的核心,产品对需求的体现程度,就是企业被生态需要的程度。

马化腾说产品研发中最容易犯的一个错误是,研发者对待自己挖空心思创造出来的产品像对待孩子一样珍惜、呵护,认为这是他的"心血结晶"。有时候开发者设计产品时总觉得产品越厉害、越高端越好,但好产品其实不需要特别厉害、高端的设计,因为用户真正需要的不是那些,如果用户不需要,那就是舍本逐末了。

由于行业差异,海底捞产品开发的形式与互联网有一定的差异。作为餐饮行业,海底捞的产品包括服务、环境、菜品、食品安全等。有的人说海底捞的菜品没有特点,不正宗,但我觉得这不是关键。对于火锅而言,口味的差异不会有天壤之别,只要能满足大多数顾客的需求就可以了。但服务方面,顾客的需求维度非常多,也就意味着对服务的打磨需要花费很多心血,只有用心研究才能开发出顾客想要的东西。在这一点上,如果从顾客评价的角度来衡量,海底捞的需求满足度还是做得不错的。

二、速度

我们经常会看到这样几种现象:有些人一开始就把摊子铺得很大,恨不得面面俱到地布好局;有些人习惯追求完美,要把产品反复打磨,直至自认为尽善尽美才推出；有些人心里很清楚创新的重要性，但又担心失败或者担心造成资源的浪费，因此犹豫不决。

"小步快跑，快速迭代"，这是互联网行业的普遍玩法。对于海底捞而言，虽然没有这种提法，但是在一些管理的具体做法上却是与之相通的。例如，公司推行流程制度建设，先不追求体系的完备性、文件格式的规范性，而是先解决"有没有"的问题，再解决"好不好"的问题。门店管理方面，海底捞强调速度，快奖快罚，不断精进；创新方面，海底捞鼓励全员创新，尽管有的创新只是一个小建议；工作考评方面，海底捞强调精进思想，先跑起来，再不断地精进完善。

三、灵活度

敏捷的企业快速迭代产品的关键是主动变化，这比应变能力更重要。关于这点，海底捞走在不少企业的前面，主要体现在海底捞的管理变革上。海底捞不断推陈出新，从阿米巴到联邦制，从效率工资改革到5S管理（整理、整顿、清扫、清洁、素养），从会议管理变革到公司的各项日常管理，几乎每过一段时间就会有不少的变化。

在授权体系上，海底捞给了员工很大的灵活度，员工有很多的自由裁量权，去过海底捞餐厅吃饭的人对此会有一定感受。

苟轶群曾说："如果我们的管理很棒，我们早就是500强了。正因为我们还不是500强，所以需要不断地主动变革，应对变化。"

四、冗余度

容忍失败，允许适度浪费，鼓励内部竞争、内部试错，不尝试失败就不会有成功。

马化腾说，在面对创新的问题上，要允许适度的浪费。在资源许可的前提下，即使有一两个团队同时研发一款产品，也是可以接受的，只要你认为这个项目是你在战略上必须做的。

海底捞虽然在做法上与腾讯不同，但也有类似的思想。当年，海底捞成立第二品牌U鼎，也是出于公司经营安全的考虑，如果海底捞的品牌不行了，还有备份品牌。在管理方面，进行小组/团队评比，也造成了公司经营的冗余度。另外，海底捞非常重视对后备力量的培养，在某种程度上，这也是海底捞维护组织安全的需要，组织发展需要一定的冗余度。

五、开放协作度

在人才引进方面，海底捞相对比较封闭，特别是业务一线，基本都是靠内部培养，不对外招人。但是在业务管理方面，海底捞还是比较开放的，把自己打造成一个大的平台，以平台打造生态链，与合作伙伴抱团取暖，共同获益。例如，把一些专业的工作外包给专业化公司；集团各公司之间相互独立核算，除了内部关联交易外，也可以对外拓展业务，为其他餐饮公司提供供应链、管理咨询、人员招聘、信息技术等服务。

六、创新度

创新并非刻意为之，而是充满可能性、多样性的生物型组织的必然产物。

创意、研发其实不是创新的源头。如果一个企业已经成为生态型企业，开放协作度、进化度、冗余度、速度、需求度都比较高，那么创新就会从灰度空间源源不断地涌出。从这个意义上讲，创新不是原因，而是结果；创新不是源头，而是产物。企业要做的是建设生物型组织，拓展自己的灰度空间，让现实和未来的土壤、生态充满可能性、多样性。这就是灰度的生存空间。

海底捞的灰度空间，就是对企业文化的塑造，即创造一个公平、公正的竞争环境，给每个员工提供双手改变命运的机会，用有效的激励机制引导员工努力创造价值，形成积极向上的团队氛围。在这样的灰度空间，每个人都被充分的授权，感受到被信任与被需要，有一种主人翁的责任感，创新意识自然就会在每个人的脑子里生根发芽。

七、进化度

构建生物型组织，让企业本身在无控过程中拥有自进化、自组织能力。

进化度的实质就是一个企业的文化、DNA、组织方式具有自主进化、自主生长、自我修复、自我净化的能力。在传统机械型组织里，一个"异端"的创新，很难获得足够的资源和支持，甚至会因为与组织过去的战略、优势相冲突而被排斥，因为企业追求精准、可控制和可预期，很多创新难有生存空间。

所谓组织自进化能力，就是随着时间的推移，整个组织的运转效率得到不断的提高。这样的进化不是依靠组织中某个人的能力，而是依靠组织机体的自我管理实现的。

海底捞已经走在自进化的道路上，只是还处于初级阶段。原因有以下几点：第一，海底捞的创始人既不到公司上班，也没有办公桌，基本不参与公司具体业务的管理，海底捞已逐步脱离对创始人的依赖；第二，海底捞的制度化管理、流程化操作、数据化考核与跟踪式监督管理机制，就是在打造企业的人格化，通过规则让企业逐步实现自我管理；第三，公司的联邦制管理提倡轻管控、重服务，本质上就是去中心化，让组织中的每个单元都充满活力，成为创新与进化的主体。

CHAPTER
06

第六章

师带徒

现在很多企业管理者抱怨公司没有人，没有人不是指人数不够，而是指可以用的人不够。企业自己培养见效慢，招聘又很难招到合适的人。海底捞则是一个极端的案例，因为海底捞一线没有一个干部是外招的，这也从侧面证明了这个组织的自我发展能力极强，人才培养工作到位。

新员工培养

餐饮是一个劳动密集型行业，又是服务业，对员工的培养主要靠"传、帮、带"，师傅带徒弟是其主要的形式。在其他公司，也有类似的师带徒制度，但是海底捞在这方面与其他公司的管理还是有一定区别的。海底捞主要解决了师傅愿意教，徒弟愿意学，不用担心"徒弟学出门，师傅没饭吃"的问题。

针对人力资源部分配到门店的新员工（如传菜员、服务员、保洁员、发毛巾员等）的培养，海底捞门店制定了红黄蓝制度。

一、师傅要素

1. 师傅组长

师傅组长的职责主要是负责新员工的培训和新员工的衣食住行；钟点工的日常管理，包括钟点工的招聘、面试、考核、协助定级、关注与激励等；门店正式员工的视频录制、视频档案的管理；新员工考核合格后，师傅组长要在大会上给新员工更换吊牌，以此为员工庆祝。

师傅组长的选拔条件是什么呢？首先，要求是一级及以上级别或累计 3 个月被评为红色师傅；其次，要求工龄半年以上并且参加过人事部组织的理论考试，成绩合格。

绩效管理方面，以全国为单位，每月进行一次评比并进行排名定级：前 30% 为 A，中间 50% 为 B，后面 20% 为 C；如果一年内累计 6 个月被评为 C，则取消师傅组长资格。

具体的绩效考核指标主要包括 7 个：（1）成活率，按照满 1 个月、满 3 个月、满 6 个月设定不同标准；（2）制度抽查，包括新员工对制度的掌握情况，师傅组长对人事制度的执行情况等；（3）红黄蓝师傅的成长情况；（4）带徒弟的经验分享，每月挑出所辖门店师傅中做得最好的 2 个进行经验分享，提交到区域进行评比；（5）师傅组长工作流程，各片区按"352"原则（30% 为优秀，50% 为合格，20% 为较差）进行评比打分；（6）蓄水池（还没有正式分配到门店的储备人员）离职率；（7）员工满意度，主要包括员工的投诉与表扬情况。

工资待遇方面，师傅组长的工资 = 固定工资 + 效率工资 + 小组级别奖金 + 绩效考核工资（成活率 + 视频档案 + 制度抽查 + 红黄蓝师傅成长 + 蓄水池离职率 + 带徒弟经验分享 + 员工满意度）。

另外，师傅组长的成绩与店经理的绩效挂钩，二者利益捆绑，这样店经理便会主动参与到师傅组长的工作中。师傅组长绩效为 A 的门店，店经理绩效加 2 分，并且门店可以获得几千元现金奖励，由小区经理在小区内经营发布会上发放。

2. 师傅

师傅的选拔标准是一级及以上级别员工（尽量选择年龄大、有耐心、态度好、亲和力强、阅历较丰富且不愿意向领班方向发展的员工），并且需要通过师傅认证，参加过应知应会的培训且理论考核合格。

关于师傅的数量，非蓄水池门店，每个门店选择 1~12 名师傅；蓄水池门店按照标准蓄水量匹配师傅人数。每年年底人力资源部与小区、门店需要提前选拔师傅，为旺季做好师傅人员储备。

师傅的工资待遇：师傅工资 = 岗位基本工资 + 效益工资（自己的效益工资 + 带的徒弟出师前产生的效益工资）+ 小组级别奖金。

对于寒假工、暑假工、管理实习生、钟点工、重新入职员工，也需要由师傅按照应知应会培养，师傅的受奖励方式与带正式员工相同。

二、徒弟、师傅评比标准

1. 徒弟的评比

每个月对徒弟进行理论与实践考核，其结果用 A、B、C 评价。理论考核由各片区人力资源部负责，监考及阅卷由门店师傅组长负责；实践考核由各片区人力资源部人事经理每个月抽考一次，其余由培训师进行考核，小区及门店负责新员工的成长。各片区人事部一周内考核完一批人员，考核结束后两天内把理论和实践结果录入徒弟和师傅人事系统中，同时以邮件形式发给门店，并由师傅组长将考核结果（A、B、C 级）告知新员工及当组领班。

2. 师傅的评比

师傅的评比以片区人力资源部为单位，每个月评比一次，蓄水池门店、普通门店分开评比。按照每个师傅的岗位（服务员、传菜员、备菜员）进行排序评比，排名在前 30% 的为红色师傅，排名在中间 50% 的为黄色师傅，排名在后 20% 的为蓝色师傅。评比指标包括 4 个维度：徒弟质量，取决于 A、B、C 级徒弟的数量；1 个月成活率；3 个月成活率；徒弟级别（徒弟在 3 个月内达到一级及以上级别的，则给予加分）。

三、师傅权益

1. 效益工资

徒弟出师前产生的效益工资由师傅获得，片区人力资源部考核徒弟成绩为 C 时，则片区人力资源部根据现场考核情况决定是否录用该徒弟。如果不录用，则予以淘汰；如果录用，则须重新分配师傅，师傅可根据情况再带一周，一周后由片区人力资源部现场复核该徒弟是否合格。在此期间，师傅不领取徒弟所产生的效益工资。

（1）师傅带徒弟期间效益工资的算法：原则是所带徒弟必须被片区人力资源部考核合格，师傅方可领取徒弟的效益工资。考核结果为 A、B 的徒弟，师傅获得徒弟看台带来的效益工资，考核结果为 C 时，师傅不获得徒弟看台的效益工资。

（2）带徒弟的奖金：徒弟工作满 3 个月，师傅奖励 100 元；徒弟 3 个月内达到一级及以上级别，追加奖励师傅 100 元；徒弟工作满 6 个月，师傅奖励 100 元。无论徒弟在哪个部门，只要还在海底捞，师傅都可以领取奖金。

（3）取消带徒弟资格的情况：师傅连续 2 个月内所带徒弟中被评为 C 级的数量占总徒弟数量的一半，则由人事经理决定是否取消其带徒弟的资格。

（4）带徒弟的经验分享：每个月师傅提交带徒弟的经验分享，人力资源部根据其质量进行加分。

2. 师傅、徒弟分配

核心要求：蓄水池红色师傅带徒弟不能断档。

（1）片区人力资源部必须保证所辖门店红色师傅有徒弟带，并与蓄水池门店签订合约。如果红色师傅下个月被降成黄色师傅，则不需要保证徒弟不断档。

（2）新徒弟来了老徒弟才可以调走，否则会出现区域忙不过来、保证不了顾客满意度的情况（原则是老徒弟必须被带满 15 天且合格）。如果出现红色师傅受工伤、因紧急事件休假、见习领班、申请离职、休产假、调离岗位、门店撤销此岗位等特殊且不可控的情况，则都不属于断档。

（3）蓄水池人员分配原则：门店有权利选择不同蓄水时长的人员，人事部在分配时按 A、B 级搭配，被评为 C 级的员工不允许分配到门店（如果门店要该员工，则可以进行分配），必须重新分配师傅，直到其被评为 B 级或 A 级方可分配。

大家可能有一个疑问，在这样的制度安排下，如果每个人都有自己的师傅，那么时间长了，结果会不会是一些"老人"带出一大堆徒弟、徒孙，拉帮结派，影响公司的组织氛围与协助效率？如果公司有别的机制来杜绝这样的问题，也就不必太担心了。例如，在选人时，必须要求对方正直、善良；在对干部进行评价时，一定要考察其人品；在监督机制方面，要创建公平、公正的工作环境。

其实，海底捞的员工之间除了师徒制的联结，还有好多是血缘关系或地域乡情的联结。如果夫妻二人都在公司，兄弟姐妹都在公司，家中亲戚都在公司，村里老乡都在公司，那么按道理来讲，也容易滋生小团体。小团体就是一个非正式组织，其本身没有好与坏之分，主要是看企业如何对其进行引导。引导得好，就会给公司助力；引导得不好，则会掣肘公司发展。餐饮行业的工作很辛苦，因此离职率也比较高，这些小团体的存在反而大大降低了员工的流失率。因为在这里除了公司同事外，还有自己的家人、亲戚、朋友，大家在一起，会更有安全感、归属感。

如果能理解这个道理，也就不难理解海底捞的很多高层之间也有师徒关系了，如袁华强就是杨小丽（海底捞总经理）的徒弟。

◎ 二线师带徒

职能部门由于工作内容与一线不一样，因此更多的是专业岗位；员工的构成也与一线不一样，普遍学历较高，相互间有亲属关系的较少。因此，师带徒的形式也与一线有较大的差别，更多侧重于较软性的能力培养与考察。

一、培养步骤

1. 师徒沟通，问题诊断

通过双向沟通增进师徒双方的了解，师傅可以掌握徒弟的基本情况，对徒弟的专业能力、综合素养（包括工作思路、性格特征、工作方式与风格、执行力、推进工作的决心和力度、主动思考的能力、沟通的方式和技巧、跨部门的沟通与协调能力、团队管理能力）做初步诊断，就提升和改进的方面达成共识。

2. 制订、落实阶段培养计划

在制订培养计划时，应与工作计划相结合设计阶段性培养目标。计划须围绕阶段目标的实现设定，且须双方接受和认可，并且培养计划须与徒弟的工作紧密结合，以帮助徒弟成长。在实际工作中，师傅须不断关注徒弟的情况，做好过程辅导。除日常的沟通外，师徒双方应每周进行一次深度沟通，总结经验，提出问题，师傅给予相应指导。

3. 阶段考核

师傅应定期（每周、每月）对徒弟进行考核，徒弟应定期（每周、每月）做总结。人力资源部对培养情况开展考核工作，主要有以下几个维度：跟进阶段培养计划，阶段访谈师傅和徒弟；定期开展师带徒经验交流会，分享成功经验；定期开展师带徒工作评比。

师带徒其实是一种契约关系，在这种关系中，双方应该有对等的权利与义务。基于此，海底捞有以下两点规则：师傅要耐心地与徒弟沟通，避免用职级强压徒弟接受自己的观点，如果徒弟向海底捞投诉师傅，经确认投诉情况属实的，则对师傅进行处罚；培养期间，如果徒弟多次不能达到培养要求，则经师傅提出，海底捞复核，取消徒弟的培养资格。

二、奖励与惩罚

阶段培养计划结束后，海底捞将组织人才培养工作评比，对排名前1/4的师傅和徒弟进行奖励（对于师带徒工作评比结果排名靠前的部门，奖励部门师傅、徒弟集体旅游一次；对表现突出的师傅和徒弟，奖励奖金和金豆豆）；对排名后1/4的师傅进行处罚（要求写"三思"总结一份，并予以现金处罚）。

三、师傅篇

1. 沟通前的准备工作

首先，掌握徒弟阶段性的绩效状况（一般为沟通前两个季度的绩效考核结果）。例如，日常绩效沟通中发现的问题，近阶段绩效考核中反映的问题，重点工作完成过程中遇到的问题等。

其次，掌握徒弟的满意度情况，是否及时解决了徒弟反映的问题。如果未解决，原因是什么。是否在徒弟中建立了威信，如果有，则陈述建立威信的方法和事例。能否做到倾听徒弟心声，是否有定期沟通。

最后，了解徒弟的跨部门工作情况。了解徒弟在积极、高效配合其他部门完成自己的工作过程中做了哪些工作；当发生争议或异议时，提出了哪些令双方都接受的改进建议或方案；在推动跨部门合作工作中做了哪些工作。

2.沟通与问题诊断

展开沟通工作时要注意以下事项：创造轻松、愉快的沟通环境；时间上尽量选择下班后或休息日；及时肯定，发自内心地赞扬与鼓励徒弟，让徒弟多发言；评价要客观，评价优缺点要有充分的事实依据，不主观判断；保持定期有效沟通。

工作内容的沟通部分，从绩效、员工满意度、问题的处理、跨部门的沟通与配合等方面展开，找出工作中存在的问题，并就存在的问题深入地与徒弟交换意见，达成共识。

3.制订、落实阶段带徒计划

就问题达成共识后，制订阶段性的带徒计划，如树立徒弟在部门员工中的威信。具体的过程和辅导内容因人而异，但总体上一些共性的问题，大家可以一起关注、落实。

落实计划的分解动作有很多。沟通方面，让徒弟建立定期与师傅沟通的意识，帮助徒弟了解沟通中应注意的事项，并推荐一些书籍给徒弟学习；培养徒弟的管理思想，帮助徒弟建立沟通机制，引导徒弟分析员工不满意的原因、解决问题的方法，引导徒弟意识到建立与员工定期沟通机制的重要性；参加徒弟组织的沟通会，事后对徒弟在沟通会上的表现给予评价，让徒弟做好总结。专业能力提升方面，向徒弟介绍现场管控的要点，之后带领徒弟转现场，观察徒弟的现场管控点是否准确，如果不准确，则及时调整和纠正；开展亲情化工作，提升员工满意度，查验徒弟对员工情况的熟悉程度，传授徒弟亲情化工作的开展要点，帮助徒弟熟悉其他员工的性格特点、兴趣爱好、家庭情况、在哪些方面需要帮助，抽查一部分人员，问徒弟是如何开展亲情化工作的，如有不妥的地方，则予以指导；徒弟对问题员工的沟通和处理方式是否妥当，如有不妥的地方，则予以指导；观察徒弟与员工进行工作沟通时的表现，事后给予及时的点评等。

四、徒弟篇

与师傅沟通前，徒弟要梳理自身现阶段的工作完成情况，找出工作中存在的问题；清楚自身的优势与不足；列出须改善和提升的地方。

正式沟通时，积极参与沟通，主动说出自己的发展目标，提出工作中的困惑。交流过程中若有问题或有不清楚的地方要及时提出。

阶段培养期间，按照师傅的要求做，及时反馈；主动找师傅沟通工作推进过程中遇到的问题和解决问题的方法；每周找师傅长谈一次，谈本周工作的完成情况和心得；将定期沟通和阶段内的收获与心得及时记录在培养总结表中；发现问题，主动思考，带着解决问题的方式或方案找师傅沟通，让师傅给予建议。

虽然这些规则操作起来比较烦琐，但是如果坚持按照这些规则来做，那么在海底捞坚持做两年后，员工一定会有意想不到的收获。

现在很多管理者抱怨公司没有人，不是指人数不够，而是指可以用的人不够，人才断层严重。企业自己培养见效慢，从外部招聘，又很难招到合适的人。

关于人员的培养，没有捷径可走，不要指望人力资源部一手包办解决所有问题。人员的培养需要公司全体管理干部的参与，人人都是培训师，都要当好教练，培养下属。

◉ 海底捞的"师傅节"

　　为了把师带徒制度建设得更好，海底捞设立了"师傅节"；为了让"师傅节"更有仪式感，海底捞还开展了各种庆祝活动。下面将展示一组海底捞第一届"师傅节"时，某个门店组织的庆祝活动的场景，大家可以从中感受一下这个节日的气氛。

　　节日当天，店经理和领班把店里的师傅和徒弟统一安排在指定区域，并且将该区域装饰了一番，墙上挂了条幅（条幅内容为"热烈庆祝海底捞第一届'师傅节'"）。然后让师傅们站在前台，徒弟们手捧蜡烛，共同为师傅们献上一首《感恩的心》。唱完歌后，徒弟们把充满爱意的蜡烛呈到师傅手上，并让师傅许下美好的愿望。

　　一杯拜师茶，一生师徒情。徒弟们走到师傅面前，躬身举杯，为师傅敬上一杯茶。师傅们一口喝下徒弟敬上的茶水。第一次举办这样的活动，大家似乎都有些羞涩。

　　拜师茶后，门店为每位师傅提供了一次抽奖机会，参加抽奖的师傅都有一份特别的惊喜。虽然礼物准备得比较简单，也不贵重，但是代表了徒弟们深深的情意。

在工作和生活中，师傅们给予了徒弟很多的帮助和支持。节日当天，徒弟们也要回报一下师傅，分别给自己的师傅按摩肩膀 5 分钟。

接下来是游戏环节。"火车跑得快，全靠车头带"。师傅"实力"大比拼，看看哪一位师傅吃西瓜吃得最快。

师徒一心，其利断金。运送气球游戏中，师徒二人背靠背夹着气球，将其安全运送到目的地。这是个考验师徒默契的游戏，获胜者可赢得餐券大奖。

　　虽然整个活动中的礼物并不贵重，但是大家在活动过程中共同参与、其乐融融，既增进了感情，又理解了"师傅节"的内涵，还顺便做了一次团建，开展了亲情化工作，这才是举办这种活动的主要意义。

◎ 我的师傅

下面这段文字是我的徒弟陈琳丽在"师傅节"写的感想。我想，她的话应该代表了海底捞众多员工对师傅的感情，感恩、感谢那些曾经帮助过的人。

我参加工作已经有十多年了，在海底捞工作已有近3年的时间。在这期间，我问过自己3个问题。第一个问题：我为什么选择了海底捞？第二个问题：我今天的成就是怎么来的？第三个问题：我该怎么做才能不让他们失望？在回答完这3个问题后，我明白了一件事情，我之所以有今天，是因为在公司工作很开心。公司认可我，我也愿意为之努力付出，更是因为我的相关能力得到了提升。是谁让我有了今天？是我的师傅。在这里我要感谢我的师傅，以及在海底捞工作期间帮助过我的所有人。

我是2010年来到海底捞的，刚来时我还是北京地区的一名销售员。我的第一任师傅是耿哥，他对我的帮助很大。在家乐福，知时节是相对比较强势的经销商，但是我们在费用核销上出现了问题。以前我们的核销是按50%，后来变成了30%，经销商为此非常不乐意，又赶上涨价，经销商不肯订货，超市断货非常严重，让我很苦恼。在这个问题实在没有办法解决的情况下，我让耿哥帮忙和经销商谈判，谈判结果比较成功。我的感受是，在海底捞师傅不单单进行业务指导，在员工遇到问题时，他们还会积极地协助员工解决问题，并给予帮助。

　　2011 年是我在海底捞沉淀的一年。大家一致认为我变化最大、成长最快的一年是 2012 年，不论是业务能力的提高，还是管理能力的提高，都是在 2012 年。在这一年里，从北京的销售主管到业务管理组主管，我最感谢的一个人是杜哥。因为是他给了我这个平台，是他给了我机会，也是他给了我指导。最让我深有感触的是，小到电脑打字，大到分析问题等事情，杜哥都是手把手教我，这让我觉得很感激。

　　在这里和大家分享一个小故事。去年的中秋节，是我过的最忐忑的一个节日，因为在八月十四那天开会时，短短半天内我就犯了 3 次严重的错误。最严重的是给台湾的经销商报价时把 150g 清油的价格报错了，本来是 5.4 元 / 袋，我不小心报成了 5.4 元 / 箱。当时我确实有点害怕，我怕杜哥会放弃我，我也很自责。但是杜哥并没有责怪我，依然像平时一样指导我工作，我真的体会到了海底捞的"不抛弃、不放弃"的原则。

　　2013 年，我的工作又发生了变化。公司把内审组单独设为小组，由于工作性质的原因，归属的部门也发生了变更，先是被分到了市场部。虽然在市场部的时间较短，但是在这期间蒋哥给了我很多帮助，主要是市场分析方面。这期间我最大的收获是制定了内审规则，掌握了开展内审工作的方法。

　　目前我所在的部门是营运部，我现在的师傅是寨哥，他最让我佩服的地方是性格好，思考问题的思路比较清晰，说话不急躁，这些是我所缺乏的。我记得寨哥和我沟通的第一件事情，就是先和我共同找出了我现在的不足，又根据我的不足提出了重点改善要求。虽然内审是一个新的小组，工作技巧和工作方法上还需要不断摸索，积累经验，但是寨哥在思考事情的思路上、审计问题描述的准确性上都给了我很多建议，让我可以安心开展工作，不必有太多顾忌。我目前对寨哥感受最深的事情是，他有好的案例和好的书籍都会和我们一起分享。

　　其实在海底捞工作这些年，我的师傅还有很多。虽然我是一个比较笨的人，但是我有很多好的师傅，所以我也得到了成长。

◎ "师傅节" 感言

以下这段文字是我在几年前海底捞举办的"师傅节"上写的一段话，现在回想起来还挺有意思的，值得回味。它让我想起以前的过往，想起了我的师傅。

师者，传道授业解惑也。所以，对于师傅我一直抱有敬重与敬畏之情。

在海底捞，每个新入职的员工都会有一个师傅，但是对于我来说，这有些奢侈。因为从 2012 年入职到两周以前，我都感觉自己是一个没人要的孩子，总是一个人在思考、一个人在前行，没有师傅指导。谈起为什么没有师傅这个问题，原因其实很简单。我刚入职时，海底捞组织结构调整，部门人员有一些调动，所以一直没确定我的师傅。后来我转正了，也就一直没有人提起这件事，我自然而然地就一个人落单了。

虽然没有"明媒正娶"的师傅，但是我心里一直有很多位师傅，只是他们不一定把我当徒弟罢了。比如，流程部的吴振宁做事情总是一丝不苟，全身心投入，在他身上我看到了一个海底捞人的真诚与淳朴；人事部的王老师做事总是计划有序，充分授权，在她身上我看到了一个职业经理人的专业；蜀海总经理苟哥谈话做事总是一针见血，温文尔雅，在他身上我看到了一个管理者应有的素质与风度；蜀海营运部的王春焕虽然手上的事情比较多，但她总是有条不紊，把每件事情都当成大事来认真完成，在她身上我看到了坚定与执着。其实，我身边还有很多伙伴，他们身上可能有这样或那样的缺点，但是都有各自明亮的闪光点，每一点都足以让我汗颜。

曾经的我是骄傲的，可是在他们面前我慢慢地感到了自己的狭隘。在一次次的触动后，我学会了谦卑、敬畏与感恩。我在内心深处留出了他们的位置，并默默地叫一声"师傅"。

得益于海底捞最近推行的"师带徒"制度，两周前我也有了自己的师傅——党姐（颐海国际总经理，党瑞庭），并有了自己的徒弟陈琳丽。作为徒弟，我很是欣喜，因为终于有了师傅指路，同时也有了压力。党姐身上需要我学习的东西有很多，不管是业务还是管理，抑或是做人。作为师傅，我更需要以身作则，多一份责任，更要多一份关心。

食于斯，长于斯，更希望成于斯。我想这是每个海底捞伙伴共同的理想。在这里，有让人尊敬的师者，有让人喜爱的徒弟，大家并肩携手，一起让双手改变命运变为现实，一起创造海底捞的未来，创造我们的明天。

CHAPTER
07

第七章

亲情化

　　"远亲不如近邻"，亲情化管理就像邻里之间相处一样，贴近员工生活，与员工同吃住，了解员工真实的情况与需求，提升员工满意度，让员工时刻感觉到温暖、被关注。但亲情化管理尺度极难把握，需要匹配合适的制度，才能让管理不形式化，让员工有感知并获得归属感。

员工家访

家访制度在多数人的印象中，只存在于教师中，企业中有家访制度的很少。不过在海底捞，对员工家访是海底捞明确规定的一项管理制度，目的是加强海底捞企业文化的传承。其核心原则有两条：第一，对晋升为经理及以上级别的员工，其上级必须进行家访；第二，家访要建立在充分尊重员工意愿的基础上。

家访的对象有哪些呢？主要包括以下四类。

（1）门店及职能部门后备经理以上级别的员工、职务晋升及表现优秀的员工。

（2）结婚、生子的员工。

（3）家庭困难或是家中发生重大突发事件的员工。

（4）特岗（采购、出纳等）员工。

具体的家访形式需要结合实际情况，形式可多种多样。

最好的形式是直接家访，员工的直接上级、间接上级或是工会成员直接到员工家里进行家访，了解员工的家庭成员情况、主要经济来源等各方面的信息，表达对员工父母、爱人支持员工工作的感谢。家访后备经理及以上级别的员工、特岗员工，在员工结婚或是员工家庭有困难时家访，采用这种形式效果最佳。

电话家访是指直接上级或是间接上级以电话的形式对员工家属进行慰问、报喜，了解其家庭情况。在员工晋升或受到表彰时，及时通过电话家访，向员工家人报喜。

写信方式的好处是节省时间，可以批量实现家访，但家访的效果没有直接家访与电话家访的效果好。在一些重大节日（如春节、中秋节）时，门店或部门负责人写信给表现优秀的员工家属，表达对他们支持员工工作的感谢与慰问。

聚餐或旅游是指通过组织员工家属聚餐或是旅游，了解员工家庭情况。除了部门自行组织外，公司层面每年还会组织优秀员工或一定级别以上的干部集体旅游，员工可以带着父母、子女等家属一起参加。

为了保证家访的顺利进行并达到预期效果，在家访落实过程中也有一些注意事，具体如下。

（1）员工陪同。家访时如果工作允许，可以安排家访者与员工一同前往；如果员工没有一同前往，则应安排当地的员工一同前往，避免由于语言不通造成沟通不畅的问题。

（2）提前沟通。员工没有一同前往时，应事先请员工与其家人进行沟通，避免出现员工家人对家访者不信任，或是员工家人不在家需要家访者等候的现象。

（3）车辆安排。需要开车去家访时，公司可以安排车辆，也可以从外面租用正规公司的车辆，一般租用车辆为轿车。

（4）沟通内容。在家访的过程中，家访者可以讲海底捞的发展规模、员工的工作情况、身体状况、感谢家人对员工工作的支持等，尽量不要谈及员工薪酬的具体数额。

（5）邮寄照片。在家访完成后，与员工家人合影并将照片寄给员工家人和员工本人。

家访既是海底捞的一项重要管理制度，又是落实亲情化管理的一个重要抓手。因此，要求每个部门每月都要列出家访计划。人力资源部亲情化管理专员要对家访情况进行督查，同时人力资源部还要对各部门、各门店的家访情况进行不定期抽查，并通报结果。

了解家访的大致流程后，大家应该对海底捞的家访有了一个大致的认识。通过家访，可以收集员工的一些基本情况，如家庭主要经济收入来源及现状、家庭成员及其身体状况、家属对员工的期望、家属对员工工作及生活的安排（包括员工孩子的生活安排）、邻居的评价等。

这些信息对于安排下一步的管理工作有着比较重要的帮助。例如，干部选拔时，通过家人、亲友或邻居的评价，可以知道这个员工是否有上进心，有没有家庭责任感，是否与人为善等。可以通过一些信息了解员工家庭面临什么困难，从海底捞的角度是否可以帮助到员工。例如，员工家里经济困难，家人有重大疾病需要治疗，海底捞的关爱基金可以进行救助。也可以通过一些信息，了解员工家人对员工的期待。例如，家人期待员工收入稳定，今后能在城里买房，让小孩在城里上学等。那么在进行员工激励的时候，就可以给员工定升迁目标，让员工本人更有发展目标，工作更有动力，这样自然就激发了员工的工作热情。

家在西南地区的人应该知道一句老话："亲戚不走不亲。"在我老家重庆，逢年过节亲戚之间会相互串门，还会送一些小礼物等。海底捞的家访就相当于亲戚间的串门、走动。从这个角度来看，家访是海底捞亲情化制度最好的延伸。

员工救助

不少企业都有帮助有困难的员工的一些举措，如组织员工捐款、给予慰问金等。海底捞对于这类问题也比较关注，并设立了救助专项基金。设立该基金的主要目的是构建公平、公正、公开的亲情化平台，帮助员工走出困境，体现海底捞人性化关怀。但是，海底捞的救助基金不是福利政策，其救助原则是救急不救穷、雪中送炭。

海底捞所有员工及其直系亲属都是救助基金的救助对象。在员工及其直系亲属遭遇重大疾病、意外灾难、子女无法受教育等不能通过自身经济状况解决的困难时，可申请救助资金。救助基金要给最需要帮助的人，若发现员工有能力应对困难却撒谎、作假来申请救助，则归为人品问题，海底捞将保留追回救助资金的权利。

在具体金额的申请方面，海底捞有一个非常特别的地方，就是如果员工提出申请，除了海底捞会给予相应的救助资金外，其审批的上级也要给予一定资金的支持。店经理、小区经理、大区经理与总经理都有对应的审核权限，救助基金的申请由审批人负责核实，谁审批谁核实。

但是无论是谁审批，救助资金都要进行相应的分配。本店店经理承担5%，本小区经理承担3%，大区经理、总经理、副总共同承担5%，董事长承担6%，其余股东合计承担6%，本店员工捐款不超过4%，本店利润支付20%，余下51%由海底捞救助基金拨出。

对于二线职能部门，申请救助基金的规则与一线门店一样，也是相关领导承担一定的分配比例，剩余部分由海底捞救助基金拨出。

大家可能觉得非常奇怪，为什么救助员工时相关的管理者都要出资？这样似乎不太合理，毕竟救助是自愿的事情，这样的话就是强制了。

在我看来，这个规定至少有以下两方面作用。

对于员工的困难，上级在审批的时候一定要起到严格审核把关的作用。如果资金全部由海底捞承担，那么审批人可能会做老好人，也不会太考虑实际情况。如果审批人自己也需要承担部分资金，他就会认真地审核事件的真实性。如果员工所诉情况属实，审批人还会认真审核批准多少救助金比较合理。在核实了解事情的过程中，肯定会涉及关怀，这本身也是一个亲情化的过程。

如果只是海底捞出资，员工肯定会感激海底捞，但也有的人会认为海底捞作为一家大企业，承担一些也是应该的。但如果每个上级管理者都分担了救助金，那么从被救助员工的角度来说，他心里会有额外的负担，因为这是来自个人的捐助。人都是有感情的，被救助员工一定会通过努力工作回报上级。而这种人与人之间的捐助，也拉近了员工间的距离。

救助基金是一个好的思路，我在别的企业也管理过救助基金，对此有一些体会。救助基金的规则一定要制定好，不然就会费力不讨好，尤其要避免这种情况：员工觉得这是公司福利，一有困难就申请救助，公司不批不行。

不是所有申请都可以通过。我曾经遇到过很多案例，员工觉得公司帮助他是义务，所以只要申请公司就必须通过，金额给少了还不满意，这就是人们常说的"斗米仇，升米恩"。

为了避免以上情况出现，公司一定要在救助规则上下功夫，让员工对基金有预期。员工认为得到帮助是公司的关怀，才会对公司充满感激。

◉ 深夜班员工关怀

关于亲情化管理，再多的语言描述都是空洞的，本节举一个具体的例子。通过这个例子，大家可以体会一下海底捞是如何让亲情化管理落到实处的。

为了保障执深夜班的员工的生活，海底捞对其工作的相关方面做出了明确规定。

一、时间安排

执深夜班的员工的工作时间安排，一般在 10 个小时之内，各部门可以根据实际情况进行调整。

二、员工餐安排

每月需要给全月执深夜班的员工补贴牛奶一箱、面包或蛋糕 30 个，以确保员工在宿舍的加餐。

要确保门店执深夜班的员工和执白班的员工一样，每天能吃到 3~4 餐，大概的时间安排为凌晨 5：00(火锅菜)、下午 3：30 — 4：00（新鲜的两菜一汤或面食）、晚上 8：00 — 8：30（新鲜的两菜一汤或面食）。以上就餐时间安排，各门店可以根据实际情况进行调整。

职能部门执深夜班的员工的三餐安排，需要由单独的员工餐师傅负责，其中两餐必须保证一荤一素加米饭或面食，另外一餐可根据员工的喜好安排面食或点心等。就餐时间各部门可以根据实际情况调整。

三、宿舍安排

对于全月执深夜班的员工，要单独为其安排宿舍，最好不要和执白班的员工一起居住；宿舍需要安静，设备设施要齐备且能正常使用。

四、员工安全问题

对于因宿舍距离工作地较远，员工单独回宿舍不安全的情况，要求员工必须由负责人点名后统一回宿舍，以免发生意外事故。如果执深夜班的员工在外单独居住，则可以在宿舍为该员工安排床位或者安排人送该员工到家。

员工关怀是一件小事，也是一件大事。说是小事，是因为都是一些琐事，没有什么特别的，只要用心就可以做好；说是大事，是因为员工利益无小事，一旦员工不满意了，工作就会马虎应付，给公司带来的一些隐性损失会超出想象。从这个角度讲，员工关怀就是一件大事，并且是不能有丝毫懈怠的大事。

俗话说，"一叶知秋""窥一斑而知全豹"。一个企业的管理好不好，从一件事、一个人、一个细节就可以清楚地了解。

◉ 提高归属感：用行动说话

海底捞有不少亲情化的福利。例如，员工本人和父母、岳父母、爱人、孩子等亲属在店内就餐，全单打六折；员工祖父母及外祖父母生日时，会给 500 元贺金；每年春节给员工祖父母及外祖父母以家为单位，发放 500 元红包，这些都是给所有员工家属的福利。

那么对于某一个具体的岗位，海底捞是如何提高员工的归属感、激发员工的工作热情的呢？海底捞的一个子公司——颐海国际的业务（主要负责生产、销售火锅底料和复合调味料，目前在中国香港上市）与海底捞集团的火锅业务不同，前者属于快消品行业，理货员人员数量较多且属于基础岗，工作也比较辛苦。

海底捞希望提高一线员工的归属感。在调研后发现，颐海国际针对理货员的管理还有很多做得不到位的地方，于是制定了一个针对提高理货员归属感的改善方案。

一、成长计划

区域负责人应当与每个理货员进行沟通，帮助他们制订阶段性的成长计划，并随时了解计划的完成情况，及时指出优缺点，以帮助理货员成长；每个季度与每个理货员进行一次谈心，了解他们的工作、生活现状及遇到的困难，提供力所能及的帮助；让理货员感受到海底捞是关心员工生活和成长的，让他们知道自己在海底捞工作是有希望的。

实现方式：制订周与月的理货员辅导计划，利用 SFA

手机模块对理货员进行辅导。公布理货员的爬山图，使选定的重点培养的理货员有晋升的空间。

二、团队活动

阶段性组织所有理货员都能参加的团队活动，不局限于聚餐，可以是爬山、拓展训练等有意义的活动，以提升团队的凝聚力。坚持每个月举行员工聚餐、生日会等，让员工在工作中可以体会到家一样的温暖。

三、收入激励

营业所所长具有给团队发放现金奖励的权限，所长要根据理货员（也包含其他员工）的工作表现给予及时反馈，落实快奖快罚，激发员工的激情。拟改革理货员与促销员的效率工资，落实多劳多得，提高理货员的待遇，保障理货员的收入在行业中处于较高水平，令其具有优越感和幸福感。

四、生活关怀

根据不同的季节和天气变化，适当地给员工一些小的福利。例如，天冷时给员工买手套、围巾、帽子；天热时适当调整员工外出跑店的时间，有条件的可以给员工煮绿豆汤或购买酸梅晶降暑等。

区域负责人每个月要去没有营业所但有理货员工作的地方一次，了解理货员的工作状态，给予其工作辅导及生活上的关心，让理货员意识到自己是有团队的。

一切管理围绕员工，员工的需求与困难在哪里，公司的工作重心就在哪里。这样以员工为中心的管理，最终定能真正提升员工满意度。员工满意了，自然就会有归属感；有了归属感，自然就会有主人翁责任感，工作激情也就在不经意间被点燃了。

◎ 与基层员工同吃住

毛主席曾说："没有调查就没有发言权。"这句话能非常好地指导我们的具体工作，并且永远不会过时。海底捞一些工作的开展，与这句话的内涵不约而同。

普通员工的生活与干部是有很大不同的，每个公司都是这样的。这主要是因为岗位价值不同，导致了收入的差异，而收入的差异也就导致了生活状态的不同。比如，管理者可以住在自己买的房子里，开车上班，而普通员工大多只能住在集体宿舍或者自己租的房子里，坐公交车或地铁上班。

慢慢地，管理者与普通员工的心理距离就会越来越远。管理者不了解普通员工的真实生活状态，也不了解普通员工的真实需求，因此在工作中实施的一些激励政策和管理措施，往往就会事倍功半。

海底捞为了有效解决这个问题，要求管理者定期与员工同吃同住，走入员工的生活，发现员工的需求。当然，也有一些管理者虽然按照这项规定执行了，但只是为了应付工作，并没有认真贯彻这一制度。

下面先举两个形式化的例子。

管理者一，通过与员工同吃同住，发现员工长期吃同一人做的员工餐，口味比较单调，建议以时间段为标准，定期进行员工餐师傅轮岗；其他方面暂没发现问题。

管理者二，携两名部门员工到北京片区门店进行春节前 IT 运维巡检重点工作的现场检查，并在晚上与片区网管一起在总办对面的东北菜馆就餐，沟通工作。通过现场检查及与网管的沟通，管理者发现网管近期的工作负荷大，工作内容包括北京新店开业前信息化建设、节前全面的 IT 运维巡检和解决日常问题等，管理者还针对其中一些问题进行了工作安排。

（1）网管的三餐不能按时进餐。督促大家尽量调整工作时间在门店就餐，若由于工作安排而误餐，一定要就近在外吃饭，公司可以进行报销。

（2）针对如何提高解决问题的效率和客户满意度进行了讨论，给出了解决方法。例如，加强对兼职网管的日常培训，指导提高其解决问题的能力；IT 软硬件的巡检工作日常化；门店问题通过远程解决，减少路上花费的时间等。

（3）对春节期间北京片区的员工进行了轮休安排等。

之所以说这两个是形式化，不是说发现的问题不准确，而是说这些管理者只是反馈了表面的一些问题，以应付公司检查，并没有与员工敞开心扉，深入了解员工的问题，只是一种形式化，与亲情化要求不符。

接下来，再看两个落实得较好的例子。

管理者一，在方庄宿舍住宿一晚，发现以下问题。

（1）管理者本人平时较少参与员工聚会。

（2）员工希望春节多放两天假。

（3）部门间同事聚会太少。

（4）宿舍住的人较多，晾衣服的地方都很紧张，宿舍环境可以说是脏、乱、差，没有人打扫卫生。

管理者二，在男生 201 宿舍住宿一晚，发现以下问题。

（1）与荤菜间员工沟通得到的反馈信息如下：

①生产部对组长级别人员的任命宣讲不到位，荤菜间员工不清楚荤菜间组长是巫 ×× 还是徐 ××，遇到问题时也不知道该向谁反映；

②组长对日常工作的安排不合理，员工对人员协调有异议时，组长没有向员工做出解释；经常把炒酱部老员工安排出去协助，新员工单独在车间操

作，容易出现安全隐患。员工反映，徐××的沟通协调能力相较巫××较差；

③组长日常对员工操作流程的培训不到位，部分员工在炒酱操作程序上存在问题；

④员工犯错被罚款，领导却未被处罚，员工认为领导也应该有连带责任；

⑤生产主管张××在日常管理和沟通方面比刚担任主管时进步了很多；

⑥员工现在对领导不信服，没有亲切感；

⑦生产部对卫生进步大的部门没有奖励，对保持好的部门也没有奖励，品控部没有具体的卫生评比办法。

（2）与净菜间员工沟通得到的反馈信息如下：

① 蔬菜间冷水箱拆走之后，空间变大，员工认为车间结构布局应该做出调整；

②现在使用的封口机效率太低，需要申请新的封口机；

③削皮间使用的削皮刀质量不好，刀片容易损坏，影响工作效率，和采购员沟通从北京调货；

④洗筐间搬走以后，净菜间的垃圾清理要经过毛菜库，比以前麻烦；

⑤员工对组长的评价，王××，工作安排不合理，说话语气强硬，没有考虑员工的感受（在备货工作中，员工意见很大），工作方法需要改进；陈××，接纳员工提出的意见或建议，但是与员工说话时的语气分寸有时把握得不是很好；

⑥主管说的事情自己容易忘记，平时也很少和员工沟通工作、生活上的事情。

如果没有同吃同住，则很难发现这些问题。因为管理者与员工的心理距离较远，接触较少，沟通也较少，很难有机会敞开心扉交流。而同吃同住可以让管理者站在员工的角度去观察，发现管理中的问题。

与基层员工同吃同住，既落实了亲情化管理，又解决了员工的各种问题，同时还考察了管理者的工作能力，是一举三得的好办法。

第八章

员工激励

有效的激励可以激发企业活力，令企业焕发勃勃生机，加快企业目标的实现。但激励必须以员工需求为基点，通过公平、公开、公正的方式，对领先者与落后者进行精神与物质两方面的正、负激励，从而形成良好的竞争氛围，提升团队的凝聚力和战斗力。良才能被善用，能者可匹配合适的职位。

◎ 冲A脱C

谈到海底捞的扩张，有一个绕不开的话题，就是门店的复制。对于连锁企业而言，只有保证每个店的经营管理一致，才可能实现整体运营的成功。一个店成功算不上真正的成功，只有所有店成功，才是真正的成功。

门店复制就像细胞分裂一样，一生二、二生四、四生八，如此往复，呈指数增长，发展速度越来越快。这个复制要如何保证所有的门店都不走样呢？这与细胞分裂非常相似，细胞的核心是DNA，通过DNA编码对遗传基因进行复制。门店的复制也是这个原理，首先需要明确复制的要素有哪些，其次对每个要素进行编码，最后根据编码进行复制即可。

海底捞的门店复制内部有一个名字叫，称为"冲A脱C"。冲A成功后，门店就可以进行复制了，即开新店。冲A的标准就是需要复制的要素。而脱C是为了让门店保持激情，努力早日冲A。

以前海底捞冲A采取申报制，哪个店觉得自己达到了A级店的标准，就可以申报，然后由海底捞绩效小组人员进行复核。如果该店达到了A级店标准，就算冲A成功。后来海底捞对这个制度进行了改革，改成了冲A赛跑模式。什么是冲A赛跑模式呢？接下来我们看一下具体的规则。

一、冲A赛跑门店的推荐

每个月小区经理必须向分管绩效的副总推荐本区域内

综合指标排名第一的门店参与冲 A 竞选排名，若本小区在上月的冲 A 赛跑中排名前三，则必须向分管绩效的副总推荐本区域综合指标排名前二的门店。

二、冲A赛跑门店的排名方式

1. 门店入围

绩效小组对当月参与冲 A 赛跑的门店现场工作进行复核，并将得分进行排名，排名前五的门店入围。

门店现场工作复核总分的维度包括：五色卡（红、黄、蓝、白、绿）、创新、亲情化、执行力、优秀案例、会议、七个不放过、电工、库管、宿舍管理、客户经理、门店人事组长、员工餐、神秘嘉宾检查等。

2. 入围门店排名

首先考核如表 8-1 所示的 5 个维度并给出得分，然后根据相应的权重进行加权计算，最后按照综合得分进行排序。

表 8-1　项目评比

编号	项目	项目评比明细
1	当月门店现场工作	绩效小组按照店经理现场考核 A、B、C 级店的标准对赛跑门店的现场工作进行考核，得出门店现场复核总分
2	两套班子	（1）两套班子的选拔情况（重点是影响公平、公正，并无法弥补的案例；违反制度，但是后期可弥补的案例。） （2）后备店长到财务部、信息部轮岗的理论考试成绩
3	店经理月度评比	评比前 12 个月店经理在本小区月度排名在前 2/3 的次数占总评比次数的比例
4	店经理获得 A 级现场的次数	评比前 12 个月店经理获得 A 级现场的次数占总评比次数的比例

编号	项目	项目评比明细
5	附加分：冲A店经理到绩效小组轮岗	门店投票选拔出后备店经理后，该店经理自愿选择到绩效小组进行为期2个月的脱产轮岗。 （1）轮岗期间，门店由后备店经理管理。 （2）分管副总对该店经理每个月的轮岗情况按照店经理的绩效考核标准进行打分

三、冲A赛跑的结果运用

总分排名前五的门店冲A成功，并同时获得拓店或接店资格。

1. 拓新店

在新店项目进场后5天内，绩效副总将新店的项目报告发给所有冲A成功的门店。各门店按照冲A赛跑中的累计排名，由店经理依次对新店项目进行选择，如果排名第一的门店放弃了选择权，则由第二名选择，依此类推。如果是二线城市的第一家店，其经理必须由老店经理担任。

2. 接老店

当月由于脱C失败等原因而需要更换店经理的门店，由绩效副总将这些门店的名单发给冲A成功的门店，由他们进行选择，其规则与拓新店的规则一致。

四、冲A赛跑后的鼓励工作

公司每月8日公布赛跑成绩，总经理要在公布成绩的次日致函入围冲A赛跑的门店，并指派人员在大会上宣读公函（每个月总经理至少亲自到1~2家门店宣读），并将公函在布告栏张贴一周。

公函的主要内容包括：对入围门店进行祝贺，对没有入围的门店进行鼓励。总经理要根据每个门店的特点写个性化的内容，有针对性地致函，分析门店的优势和不足，并提出整改建议，给出学习对象。

五、冲A成功后的庆祝

对于冲 A 成功并获得拓店资格的门店，海底捞会为其组织庆祝会，举行颁奖典礼。在过程中摄像人员会全程摄像，参会的管理人员一律着海底捞礼服。

庆功会由副总主持，总经理或海底捞董事为颁奖嘉宾，全体门店员工参加，并且有明确的流程。例如，所有人员到齐，播放店歌；全体员工起立唱店歌；颁奖嘉宾宣读海底捞 A 级店评选结果，并任命新店经理；为新店经理佩戴吊牌；为获奖者颁奖并表示祝贺（为两套班子领班及以上员工颁发金豆豆；为累计两次带领门店获得"A 级店"称号的店经理颁发二级勋章；为累计三次带领门店获得"A 级店"称号的店经理颁发一级勋章，为该店 30% 的骨干员工颁发银豆豆）；冲 A 成功的门店经理自述历程与感言；新店经理发表感言；获奖代表（一名普通员工）发表感言；总经理总结性发言；全体人员合影留念等。

冲 A 赛跑也是海底捞评比思想的内容之一。谁跑得快，谁就冲 A 成功，谁就有优先选择权。海底捞为什么会把冲 A 提到一个非常高的高度呢？因为冲 A 既是海底捞的扩张机制及管理复制模式，又是企业文化的复制模式（因为随着冲 A 的成功，门店 1/3 的骨干会去拓展新店，海底捞的文化也会随骨干被一并带去新店，这样可以避免因为经营规模的扩张，而导致企业文化被稀释的情况发生）。还有一个重要的原因就是，对于门店员工特别是新店经理来说，冲 A 成功就意味着真的实现了用双手改变命运。对于海底捞的每个一线员工而言，冲 A 就是改变命运的机会，大家自然会卯足了劲冲 A。

◉ 小组考核

　　在冲 A 规则里面谈到了对门店的考核，其中一个重要的考核维度就是门店各小组的级别，小组的级别决定了门店的级别。因为门店是由一个个小组组成的，小组的好坏自然就决定了门店的好坏，对小组进行评价，自然就实现了对门店的评价。

　　此外，对小组进行评价还有一个好处，就是可以把公司与个人的矛盾转换成小组内部矛盾。如果公司对每个人进行评价，或者对某一个做得不好的人进行处罚，这样就容易形成公司与个人之间的矛盾。如果公司只评价小组，因小组内某个人没有做好而影响了小组的级别，那么其他人就会对这个人有意见，矛盾就会转移到小组内部。至于这个矛盾如何解决，各小组有各自不同的解决办法。犯错的员工会觉得愧疚，也一定想改正；组长会想办法帮助表现不好的员工，做好带训工作；小组成员的目标是一致的，大家会集体想办法争取更好的成绩。

　　如何进行员工评价与员工带训一直是公司人力资源部的难题，而海底捞对小组进行级别评定的规则设计就巧妙地解决了这一难题。把评价员工、带训员工的工作分解到一个个小的组织单元里，激活每个基层组织的活力，可以真正调动全员参与管理，实现去中心化的管理思想。

　　那么，门店小组的级别评定标准是什么呢？

一、小组级别评定的原则

每个月由总经理向各小区下达小组级别的配额，如果有异议，则小区经理可以申请仲裁，并根据仲裁结果向总经理索要小组级别配额。其中，A 级不超过 30%，C 级不超过 20%，其余为 B 级。

海底捞的绩效小组会对全公司的小组进行级别评定，并将各小组的得分进行排名。名次排在各小区前 30% 的为 A 级小组，排在后 20% 的为 C 级小组，其余的为 B 级小组。

如果门店对绩效小组的评定结果有异议，可以申请仲裁。但是每个门店每年申请仲裁的次数不得超过 2 次；若超过 2 次，则剥夺半年内的仲裁资格。

二、小组级别的评定维度

1. 门店前堂小组的评定维度

（1）现场工作的情况。

①顾客满意率、团队氛围，围绕以下 10 项服务工作展开评定。

a. 员工态度：笑起来（面对顾客时）、跑起来、答起来（面对顾客时）。

b. 员工业务：常规服务、感动案例、授权、信息传递、搭档之间的配合、快速准确、按照流程操作（先荤后素、先急后缓）。

②卫生、环境维护情况。

③领班的工作流程的执行情况。

④食品安全情况。

（2）组中一级员工的比例。

（3）小组后备人员的培养情况。

（4）每月的创新项目提报情况。

2. 门店后堂小组的评定维度

（1）现场工作情况。

①顾客满意度、团队氛围，围绕以下 7 项服务工作展开评定。

a. 员工态度：笑起来、跑起来、答起来。

b. 员工业务：快速准确、保质保量、搭档之间的配合、先急后缓。

②卫生、环境维护情况。

③领班的工作流程的执行情况。

④食品安全情况。

（2）组中一级员工的比例。

（3）小组后备人员的培养情况。

（4）每月的创新项目提报情况。

以上关于小组评价的规则很好理解，但基本都是定性指标，很难量化，并且都是过程指标，没有结果性的财务指标。但还是要把这些指标呈现出来，因为这个简单的规则中的考核维度是有借鉴意义的，是可以抽象出来被借鉴到其他行业的。

核心维度是顾客满意度、执行力、人员成长和创新。评价一个小团队，这四点完全足够。至于要不要加上对销售额的考核，那就要根据每个企业的特点来确定了。

干部激励

谈到干部激励，无非是物质激励与精神激励。关于精神激励，在介绍海底捞荣誉管理的章节对此有具体的介绍，本节将介绍物质激励部分。

不谈钱的激励都是"空头支票"，谈钱才是对员工最大的尊重（当然，精神激励也是非常重要的）。对于员工的付出，在没有找到一个更好的、大家都接受的回报方式之前，金钱是能被大多数人接受，并且能量化的激励工具。

为充分调动管理骨干的积极性，将员工个人利益与企业利益更紧密地结合起来，促进企业创新与发展能力不断提高，进一步强化核心竞争力，海底捞制定了管理干部的分红规则。分红权是一种分享企业经营成果的权利，虽然经营成果是全体员工共同努力得来的，但只有管理干部才有分配的权利，因为这个权利具有稀缺性。与一线员工相比，管理干部除了基本工资外，还额外分享了企业经营成果，因为管理干部是创造经营成果的核心力量。

根据海底捞业绩的实际完成情况，由董事会决定分红比例。原则上，分红总额不超过海底捞利润的10%。

分红激励的对象包括优秀店经理、核心职能部门的骨干人员。

一、优秀店经理的分红权

1. 分红资格

门店经理在其所在门店成功冲 A 后即可获得分红资格。

门店经理所管辖的门店在达到 A 级店后成为母店，A 级店拓展的门店称为子店。

2. 分红比例

门店经理所辖母店若能一直保持 A 级店标准，该经理则享受母店税后利润 1.5% 的分红，如果拓展的子店达到 A 级店标准，则母店经理可领取子店税后利润 1% 的分红。如果由于特殊原因，海底捞需要将母店经理调往其他分店工作，则由海底捞指定一家母店为该店经理的分红门店。例如，北京 ×× 门店的王 ×× 任店经理后带领门店在 2014 年 10 月冲 A 成功，那么他在 2014 年 11 月就可领取该门店税后利润 1.5% 的分红，该门店拓展的子店——深圳店——如果在两年内冲 A 成功，则母店经理王 ×× 可领取深圳店税后利润 1% 的分红，并依次进行类推。对于门店还未达到 A 级店标准，且没有到达冲 A 截止时间，则该店经理保持原工资水平。

3. 分红权的取消

母店在某一时间段不能达到 A 级店标准，海底捞会酌情给予其 3 个月整改时间，如果 3 个月内还未达到 A 级店标准，则取消该店经理的母店分红权。该店所拓展的子店在 12 个月内未能脱 C 成功，则店经理的母店分红权将被取消，直至子店成功脱 C 才可恢复其母店分红权。

二、核心职能部门的骨干人员的分红权

1. 分红资格

核心职能部门参与分红的人选，包括在海底捞任职两年以上的核心职能部门的骨干人员、核心专家、总经理办公会成员等。海底捞根据他们对海底捞的贡献，由总经理提名，总经理办公会成员投票，获得 2/3 同意票数的方可获得分红资格。分红资格分为初级分红资格、中级分红资格、高级分红资格。董事长、总经理及对海底捞有杰出贡献并经董事会同意者，可获得全球分红资格。

2. 分红比例

获得初级分红资格、中级分红资格、高级分红资格者，拥有分得一定比例的当年海底捞国内 A 级店平均税后利润的权利。具体分红比例由总经理办公会每三年修订一次。

获得全球分红资格者，拥有分得一定比例的当年全公司 A 级店平均税后利润的权利。具体分红比例由总经理办公会每三年修订一次。

3. 分红权的取消

核心职能部门骨干人员中获得分红资格者，若当年工作有重大失误，经总经理办公会讨论并同意，可取消其当年的分红权。

三、其他

对当年获得分红资格者，以及有歧义的个案，海底捞总经理办公会、绩效薪酬管理委员会须进行最后的审核。在海底捞发展的过程中，若海底捞认为需要修改或取消此方案，经董事会表决通过后，所有参与分红的人员应无条件同意。因为海底捞的经营变化比较快，为避免该方案因考虑不够全面而出现漏洞，所以海底捞留出了政策调整的空间，由海底捞人力资源管理部对干部分红规则进行解释和修订。

分红权的设计，就是把骨干员工与海底捞进行捆绑，形成一个事业共同体，公司发展了，个人收益也会一并提升。特别是对于一线门店店长而言，实现了"我的收入我做主"。店长收入的提高有两种途径：一种是晋升（这在其他公司也有普适性），但是公司的管理职位是有限的，晋升有时候会比较困难；另一种是冲 A 成功开分店，这个方式不受职位限制，只要自己努力，肯学肯做，能把团队带好，就可以不断开新店，增加自己的收入。第二种方式的本质就是公司提供平台，员工尽情发挥，实现自我创业。

海底捞的分红制度让员工有了自己是海底捞主人翁的感觉。

◎ 门店骨干奖

　　门店骨干奖，顾名思义，就是指对门店骨干员工的激励。那么这个奖励该如何发放呢？这个问题看似简单，实则有不少学问。

　　本节主要介绍门店骨干奖的制定过程，通过对过程的了解，大家可以体会一下海底捞在骨干激励方面的一些思想。

　　在我工作的这么多年中，也接触过不少的案例，但制定海底捞的门店骨干激励方案是最让我动容的。这个方案让我感受到了什么样的激励才是最有效的。作为管理者，只有想明白了这个问题，才能调动大家的积极性。

　　首先，在公司层面制定激励方案（以下案例是几年前的骨干奖方案，现在已经发生了变化，不过并不妨碍我们了解、学习），并给出几个备选方案，如表8-2表示。

表 8-2 骨干奖方案

方案	优点	缺点
方案1：发给1/3骨干（现在的方式）。举例：某分店上个月某小组前1/3的骨干领了1500元骨干奖，本组中间1/3的骨干不能领取	通过这种发放方式，在未来的5~10年，前1/3的骨干可以在工作所在地安家落户，中间1/3的骨干通过冲A的方式努力进入前1/3，也可以实现此目标	由于工作量差距不大，但收入差距很大，因此容易引起前1/3骨干的不安和中间1/3骨干的不满

续表

方案	优点	缺点
方案 2：扩大到 2/3，差距较大。举例：骨干奖励 1500 元，前 1/3 骨干领 1000 元，中间 1/3 骨干领 500 元	对责任心强、业务熟练的前 1/3 的骨干能起到激励作用，中间 1/3 的骨干也会感觉相对公平	对于实现"在未来的 5~10 年，部分员工可以在工作所在地安家落户"的目标，时间要延长
方案 3：扩大到 2/3，差距较小。举例：骨干奖励 1500 元，前 1/3 骨干领 900 元，中间 1/3 骨干领 600 元	缩小收入差距，公平感相对增强	对前 1/3 骨干的激励作用减小；对于实现"在未来的 5~10 年，部分员工可以在工作所在地安家落户"的目标，时间会更长
方案 4：扩大到 2/3，平均分配。举例：骨干奖励 1500 元，前 1/3 骨干领 750 元，中间 1/3 骨干也领 750 元	平均分配	做多做少一个样，激励作用变得更小；对于实现"在未来的 5~10 年，部分员工可以在工作所在地安家落户"的目标，希望非常渺茫

　　海底捞制定骨干奖励方案的出发点是，提升海底捞骨干奖发放的合理性、公平性，帮助骨干更快地在城市安家落户。基于以上方案，海底捞发动全员投票，其中一家店由于投票人数未达到 80%，视为无效票。最后对 61 家门店的有效投票进行统计，全公司符合投票要求的人员共 7233人，参与投票的人员共 6311 人，投票比例为 87.25%。投票结果如表 8-3所示。

表 8-3　门店骨干奖投票统计（得票数 / 比例）

项目	方案一		方案二		方案三		方案四	
合计	1254	19.87%	3482	55.17%	1225	19.41%	350	5.55%

　　从投票结果来看，方案二得票最多，共 3482 票，占总票数的 55.17%。

可见方案二是大多员工希望采纳的骨干奖发放方案。该方案可以对责任心强、业务熟练的前1/3的骨干起到激励作用，中间1/3的骨干也会认为这样相对公平。

当然，方案二最终是否被采纳，决定权在海底捞，投票结果只是海底捞做决定的一个重要参考。通过这个方案的制定过程，我们可以思考两个问题。

第一，激励对象是否认可？公司在制定政策的时候，一定要充分听取员工或相关人员的意见，不能是闭门造车。制定激励或其他管理规则的目的是激发被激励对象的工作热情，所以激励方案是否公平、是否有吸引力，不是公司说了算，而是被激励对象说了算。只有被激励对象认为方案公平、有吸引力，才是一个好的激励方案。例如，创业公司进行股权（或期权）激励，虽然股权是公司负责人比较在意的，但若把它分配给负担太多、经济压力很大的员工，则未必能起到激励效果，因为这类员工在当前状态下更需要现金，股权、期权则具有太大的不确定性。

第二，员工需要的是什么？海底捞制定骨干奖方案时所考虑的因素中有一点最打动我，就是会考虑如何让一线员工在工作所在地买房安家，这一点与员工需求无缝对接，能产生共鸣，同时也契合公司"双手改变命运"的企业文化。

我之所以会被打动，一方面是因为从员工激励的角度考虑，这项激励抓住了大多数员工的核心需求，站在他们的角度考虑问题；另一方面是因为从管理的角度考虑，海底捞的三大目标之一就是把"双手改变命运"变成现实。这不是一句空话，公司管理的方方面面都在围绕公司的经营理念（目标）展开。

有效的激励方案能激发员工的潜能，起到意想不到的效果。激励方案的设计本身就是一门科学，也是一门艺术，就看企业如何做了。

◎ 效率工资

以前海底捞一线员工的工资水平，是根据个人的级别高低评定的，也就是根据个人的能力高低评定。就好比在职能部门，职级决定了个人的收入水平。这样的制度也没有什么不合理的，因为自己有能力才会晋升到更高一级，当然应该拿更高的工资。但是，这个制度忽略了一点，就是用职级来评定工资的多少，会忽略价值贡献的大小。

人力资源绩效管理的三个维度是创造价值、衡量价值、以价值贡献分配收益。如果以级别分配收益，就会违背以价值贡献分配收益。毕竟在门店一线，某种程度上是可以用工作量来衡量价值贡献的。当然，工作质量考核可以另行评价（也是价值贡献的一种）。

所以，为了解决这个问题，海底捞提出了效率工资改革，其目的是提高员工的工作效率，减少人员冗余现象，实现员工多劳多得。

薪酬制度的改革涉及员工利益，在设计制度时需要非常谨慎。为此，海底捞制定了一些基本原则。例如，实行效率工资后，员工在同等付出的前提下，工资不能低于过去的水平；翻台率（餐桌重复使用率）为 4 以上的店，员工工资不设上限；门店工资总和不能超过门店营业收入的一定比例。

员工的薪酬构成，在以前的基础上增加了一项效率工资，即收入 = 基本工资 + 效率工资 + 小组级别工资 + 岗位津贴 + 附加工资 + 工龄工资 + 加班工资。

一、管理组的工资

管理组包括领班、客户经理、值班经理。表8-4以领班岗位为例说明工资构成，其他管理岗位的薪酬设计与之同理。

表8-4　管理组领班效率工资表

领班	基本工资 （根据地区差异确定）	效率工资	小组级别工资
主力领班	5000	0.10元/桌	6000
A 级	5000	0.10元/桌	4000
B 级	5000	0.10元/桌	2000
C 级	5000	0.10元/桌	0

注：表中的数值为示例，并不是真实数据。

二、员工的工资

普通员工除了小组级别工资外，其效率工资的计算相比管理组而言，比较复杂。小组类别比较多，包括服务组、门迎组、配料房、传菜组、上菜房、深夜班等，岗位类别也比较多。

为了便于理解，表8-5选取服务组中二级员工的效率工资进行说明。各店根据实际情况，一级以上员工在此基础上上浮0~30%，基本员工在此基础上下调0~30%。

表8-5　服务组二级员工效率工资表

小组	项目	二级员工单价	备注
服务组	4人桌及以下	2元/桌	工作量以该员工看台量计算
	6人桌	3元/桌	工作量以该员工看台量计算

续表

小组	项目	二级员工单价	备注
服务组	8 人桌	4 元 / 桌	工作量以该员工看台量计算
	大厅连桌	8 元 / 桌	工作量以该员工看台量计算
	8 人以下包间	4 元 / 桌	工作量以该员工看台量计算
	12 人包间	8 元 / 桌	工作量以该员工看台量计算
	豪包	10 元 / 桌	工作量以该员工看台量计算
	发毛巾、保洁	0.2 元 / 桌	工作量以白班桌数计算

注：表中的数值为示例，并不是真实数据。

　　前文提到的部分岗位是以桌数为基数核算效益工资的，但是每个组还有一些零星的工作，不能直接核算到单桌上，那么这部分的工作怎么计算呢？解决办法是把这部分工作进行包分类，按月计算，根据这些工作的完成质量，其工资水平可以上下浮动。表 8-6 以执深夜班的效率工资为例进行讲解。

表 8-6　执深夜班的效率工资表

小组	项目	价格	单位
深夜班	客户工作补贴	400	元 / 月
	穿筷子	250	元 / 月
	协助打发票，整理发票	300	元 / 月
	打扫卫生	800	元 / 月
	刷地	400	元 / 月
	协助配料房准备辅料	400	元 / 月
	洗锅圈	500	元 / 月

注：表中的数值为示例，并不是真实数据。

三、特岗员工的工资

特岗员工与普通员工一样，也有许多不同的岗位，有美甲小组、游乐园小组、电工、文员、员工餐师傅、宿舍管理员、库管、变脸人员等。每个岗位的相关要求不一样，其薪资结构用一岗一薪的原则确定。表 8-7 以美甲小组与游乐园小组为例，介绍其薪资设计。

表 8-7　美甲小组、游乐园小组效率工资表

核算规则	级别
按照服务数量和质量进行综合评定，根据数量计算标准效率工资，根据质量评级，A、B、C 分别拿标准效率工资的 100%、80%、60%。 基本工资为 ×× 元，效率工资如下。 A：单价 × 服务数量 ×100% B：单价 × 服务数量 ×80% C：单价 × 服务数量 ×60% 小组级别工资如下。 自身级别为 A 级：A 级门店 1000 元、B 级门店 600 元、C 级门店 200 元 自身级别为 B 级：A 级门店 800 元、B 级门店 400 元、C 级门店 100 元 自身级别为 C 级：无	A、B、C （店经理自行评出）

注：表中的数值为示例，并不是真实数据。

四、师带徒的工资

新员工经过 15 天实习，通过店经理考核并出师一个月后，就开始有效率工资了。出师后被分配到组但出现不合格情况的员工，退回师傅处进行"回炉培训"，享受效率工资的时间顺延。

在实习期间，前堂师傅享受徒弟看台带来的效率工资；其他非看台的岗位（如后堂岗位、发毛巾组等），每月初徒弟的 A、B、C 定级结果出来后，门店依据徒弟的 A、B、C 级别相应地提高师父的效益工资（A：+30%；

B：+15%；C：0%）。此效率工资是指带徒弟15天内徒弟产生的效率工资。

当然，除了上面的规定外，海底捞还有其他方面的薪酬规则。例如，效率工资是工作效率产生的工资，不上班的时候没有效率工资；工作安排的优先级方面，领位带客时先将客人带到高级别小组的服务区域，将受欢迎的员工分到翻台率高的区域。上午优先把桌子分给受欢迎的一级员工看，这个权利交给门迎领位员工，门迎员工要会安排；同样的，后堂也要把重要的、工资高的岗位安排给级别高的员工。

海底捞有很多方法，如服务也可以计价，让优秀的人多做，多创造价值的同时，还能更有效地保证顾客满意度，这样的设计需要精细化的考虑。

在不少的企业，薪酬组就是一个发工资的岗位，没有太多的技术含量，每月按时、准确发放工资就好了，最多再加一项奖金发放的工作。但是，如果从员工激励的角度看待工资发放，薪酬组就不只是被动发工资那么简单了，也需要科学地设计。关于薪酬结构，薪酬组需要对薪酬策略、薪酬结构、行业分位值情况、内部平衡性、职级级差、薪酬带宽、长短期比例、保健因素与激励因素等进行综合考虑。所以从这个维度来说，薪酬设计也是一项技术活，它属于员工激励的范畴，需要认真思考。

◉ 休假与福利

　　网传海底捞员工比较辛苦，很多人都吃不了这份苦，坚持不下去，试工几天就离职了。虽然工资比同行业高不少，但是劳动量大，工作时间长，收入性价比并不比同行业高多少。

　　对于这个观点，我赞同一部分，但也有部分不太赞同。赞同，是因为海底捞门店生意很好，一线员工劳动强度确实大；不赞同，是因为海底捞的休假与福利制度在餐饮同行中是很优越的。本节主要对海底捞的休假和福利制度进行简单介绍。

　　海底捞的休假和福利制度的核心是围绕亲情化与员工满意度展开的。

一、员工休假

　　海底捞的假期分为月假、病假、丧假、婚假、产假、陪同假、夫妻探亲假、春节假、工伤假、年假、事假。除了按照法定假日执行外，海底捞还有一些与同行业不一样的地方。

1. 月假（门店）

　　所有全勤的员工每月享受4天月休假，非全勤员工原则上上满6天班享受一天月假；员工的假期当月按规定休完，原则上不余假；员工可以将当月余假累计到下个月休，如果不累计到下个月休，则经员工本人同意后可将余假折换成现金，人力资源管理部须审批公休假休不完的原因。

原则上不允许余假，因为一线门店太辛苦，强制休假可以保证员工得到足够的休息。门店的工作强度有点类似互联网的"996"模式。但是，海底捞会在其他的休假方面给予弥补。

2. 春节假

海底捞所有员工春节假统一为 7 天，包括国家规定的法定春节假 3 天和海底捞给予员工的特殊福利假期 4 天（带薪）；每年除夕、正月初一为海底捞统一放假时间，门店不营业；其余 5 天各部门及门店负责人根据工作情况合理安排员工轮休。

法定春节假期间，对于在岗工作的员工，按照国家规定发放 3 倍工资；海底捞给予员工法定春节假外的特殊福利假期——4 天带薪春节假，放假期间不扣除任何工资，按照正常考核计算。

这个规定看似没有什么特别，但是在餐饮这个劳动密集型行业，很少有企业会给予员工额外的 4 天春节特殊假期。

3. 年假

每年可享受 10 天（可视路程远近，由部门负责人决定是否另外给予最多 2 天的路程假期）的带薪年假。

福利标准为一年只享受一次路程假，报销一次路费；如果员工休年假外出旅游等，则以父母或岳父母地址为标准报销费用。

4. 陪同假

员工双方父母和子女探亲时，员工每年可享受 3 天陪同假；可以报销工作地至家庭地址的路费；部门负责人邀请员工及家属就餐一次；如果员工父母在员工工作地照顾孩子，则父母回家时的来往车费由海底捞承担。

二、员工福利

1. 夫妻探亲

员工配偶在不同地区工作，或者夫妻在同一城市，一方异地出差连续 3 个月（含）以上，可以享受夫妻探亲假。

福利标准方面，一对夫妻每年享受 3 次夫妻探亲路费报销；住宿费报销标准依照《出差管理办法》执行。夫妻一方不在海底捞工作的，夫妻探亲来往均可报销；夫妻双方同在海底捞工作的，按照高级别标准报销相应费用。

2. 产假及哺乳期

女员工怀孕期间工作，工资按照实际考核发放；怀孕期间的工作时间不能超过 8 个小时，不得安排其从事夜班工作；怀孕的女员工在工作期间进行产前检查，算作工作时间。

产假标准：被评为领班、先进、标兵、劳模、功勋的门店女员工怀孕后，享受不超过 13 个月的产假；门店先进以下级别的女员工怀孕后，享受国家规定的产假；职能部门女员工怀孕后，享受不超过 6 个月的产假。

工资方面，员工休产假的级别标准按照上个月实际工资级别执行，实习期间按照原岗位级别执行，按月发放员工产假期间的工资。工龄、保险费用、父母补贴、住房补贴、子女教育补贴予以保留。

3. 金元宝制度

在海底捞工作满 5 年的员工，即满 5 年、10 年、15 年、20 年（每 5 年进行递增），可以每 5 年获得金元宝一枚（纯黄金饰品），在海底捞年会上发放。

4. 住房补贴

门店大堂经理及以上级别、职能部门主管级别以上的员工，其父母或子女跟随其在工作地居住的；驻外任职的已婚的经理及以上级别的人员，根据地区差异，享受不等的现金补贴，具体金额会有几千元的差异。

未婚的经理级别的人员，海底捞提供单间宿舍。

5. 育婴补贴

门店大堂经理及以上级别、职能部门主管及以上级别的员工，以家庭为单位按照最高级别享受育婴补贴。每个月根据员工的级别，发放几百元到几千元不等的补贴，发放半年。

6. 父母补贴

可享受父母补贴的对象为门店大堂经理、职能部门主管及以上级别的员工，或当月被评为功勋级别的员工。根据级别的不同，发放几百元到几千元不等的补贴，每月发放到员工父母的银行卡上。

7. 子女教育补贴

经理及以上级别的员工被正式任命之后，即可享受子女教育补贴，补贴金额为每人每年12000元。

经理级别以下的员工自入职之日起在海底捞连续工作时间满3年后，即可享受子女教育补贴。具体标准为幼儿园（两岁及以上孩子）：2000元/年；小学：3000元/年；初高中（初中、高中、职业高中、中专、技工学校）：4000元/年；大学（全日制大学本科、大学专科）：5000元/年。

8. 员工异动薪酬福利待遇

员工异动工资及福利如表8-8表示。

表8-8 员工异动工资及福利

项目	调动类型	调动性质	适用对象	工资及福利
异动管理（一）	1.职能部门内部调动；2.分店内部及分店与分店之间调动	晋升调动	经理及以上级别	提名即开始享受现岗位工资福利
			领班、客户、值班级别、助理、专员、主管级别	保留原岗位3个月工资福利
			普通员工	

续表

项目	调动类型	调动性质	适用对象	工资及福利
异动管理（一）	1. 职能部门内部调动； 2. 分店内部及分店与分店之间调动	降级调动	经理及以上级别	保留原岗位3个月工资福利
			领班、客户、值班级别、助理、专员、主管级别	保留原岗位1个月工资福利
			普通员工	
异动管理（一）	1. 职能部门内部调动； 2. 分店内部及分店与分店之间调动	平级调动	经理及以上级别	保留原岗位6个月工资福利
			领班、客户、值班级别、助理、专员、主管级别	保留原岗位3个月工资福利
			普通员工	保留原岗位1个月工资福利
	辞退、辞职		经理及以上级别	由部门上级评定后予以结算
			领班、客户、值班级别、助理、专员、主管级别	
			普通员工	
异动管理（二）	职能部门的员工调至分店	1. 部门体制改革导致的人员调整； 2. 员工自愿申请	职能全体员工	1.工资待遇保留一年； 2.福利待遇保留两年； 3. 由一线副总及以上级别人员协调安排工作； 4. 小区经理和职能部门负责人同时关注员工前3个月的工作和生活情况

续表

项目	调动类型	调动性质	适用对象	工资及福利
异动管理（二）	分店员工调至职能部门	由于后备经理竞选失败，因此选择到职能部门上班	后备经理竞选人员	1. 工资在原有的基础上上调10%； 2. 福利待遇保留两年； 3. 人力总监统一协调安排工作； 4. 小区经理和职能部门负责人同时关注员工前3个月的工作和生活情况

关于员工休假与员工福利，本来没有必要进行特别讲解，每个企业都有相关制度，只是在餐饮行业，海底捞的福利待遇会稍好一些。

但是，如果从员工激励的角度来考虑这件事情，还是有必要介绍一下的。学过人力资源管理的人都知道双因素理论，在这个理论中，福利属于保健因素，而不是激励因素。所以，不管怎样提高福利，都不会起到激励的效果；相反，一旦降低了标准，就会引起员工不满。

如果一项福利具有普适性（普惠性），全员享有，那么这项福利就只能是保健因素了。很明显，在这一点上，海底捞员工的福利是差别对待的，不同的岗位、不同的级别有不同的福利标准。也就意味着海底捞的福利制度有一个隐含的前提，不同的岗位与级别，有不同价值贡献的，依据价值贡献分配福利。只要岗位爬山图的相关标准是公平、公开、公正的，那么每个人为了得到更好的福利回报，就会努力地往上爬。从这个角度来讲，海底捞的福利制度自然就是激励因素了，也属于员工激励的范畴。

◎ EAP 服务

EAP，直译为员工帮助计划，又称为员工心理援助项目、全员心理管理技术。

海底捞企业规模越来越大，对员工的工作要求也就越来越高，员工的压力也随之越来越大。为了缓解员工的心理压力，让每个员工都心理健康，海底捞引进了 EAP 项目，并且对海底捞全体员工提供服务。

EAP 服务的类型主要包括以下几个。

一、电话咨询服务

全体员工都可以拨打 400 热线电话，提供公司名称、员工姓名、联系方式、生日等信息作为识别凭证，在线乐心哥哥、姐姐会对员工进行即时电话辅导。如果事情较复杂或较严重，则可以专门预约一个时间段，由合适的乐心哥哥、姐姐予以辅导。服务结束后两周内，会有专人对员工进行电话回访，服务满意度不高的员工将得到持续辅导，直至满意为止。

二、咨询师面谈服务

海底捞建设有咨询师基础信息资料库。经理及以上级别人员可以根据自己的需求挑选合适的咨询师并提报至海底捞 EAP 项目组。EAP 项目组的人员负责整理员工的需求并预约对应的咨询师。海底捞不对咨询师的面谈进度及信息予以把控，完全由员工个人决定是否继续咨询。

三、专题培训服务

EAP 项目组对员工需求进行调研，根据调研结果，向咨询师提出专题培训需求，内容涉及压力管理、人际关系、家庭和谐等。确认主题后，EAP 项目组通知相关人员参加培训，并追踪培训效果，以便确认员工的情况是否有所改善。

四、留守儿童专项服务

为了满足子女不在工作地的员工的需求，海底捞会对留守儿童现状进行调研。针对调研现状，以片区为单位组织专门的活动，并根据留守儿童成长情况进行实地"家访"，为此类员工提供专门的、长期的服务支持。

以上 EAP 服务，可以理解为海底捞为员工提供的一个福利项目。EAP 本身不是新鲜事物，不少大型企业特别是外企都会提供这样的员工福利。

团队是什么？团队是由一个个个体组成的。作为企业，要打造有凝聚力的团队，就需要从每个个体入手，让每个人都身心健康，全员才会积极热情地投入服务工作中。试想，如果一个员工心事重重，他会对顾客笑脸相迎吗？应该不会。就算会，估计也不是发自内心的，甚至会是苦笑。一些不用直接面对顾客的员工，如果心里装着事情，没有地方发泄、倾诉，则很难专心工作，分心、走神也就是常有的事了。

EAP 是一个一举三得的项目。对于员工而言，通过心理疏导排解压力，可以更积极乐观地面对生活与工作；对于顾客而言，能够体验到更好的服务；对于企业而言，能够有一个更加积极向上的团队氛围，可以提升组织的战斗力，组织绩效也会相应地得到提升。同时，通过这个项目，员工可以体会到海底捞的亲情文化，感受到海底捞的人文关怀。

　　只要是福利项目，就会涉及资金的投入。对于 EAP 这样的项目投入，有的人把它看成是纯粹的成本，有的人则把它看成是一项投资。思考问题的角度不一样，结果就会不一样，不关乎对错，只能算是"仁者见仁，智者见智"。

◎ 评比

　　评比是海底捞绩效管理的基本思想，在具体的经营中，海底捞将评比制度应用到了管理的方方面面。本节将介绍一线门店与小区负责人的几项评比。

　　绩效考核一般有两种方法。一种是对标，与行业或市场标准比，就是先明确一个基准值（一般来说，这个基准值是行业数据），然后以这个值为标准分别确定合格的标准和优秀的标准等。这种方法的好处是，可以通过绩效结果，知道自己目前在行业中的位置。不好的地方有三点：第一，有些外部指标不太好找，每个公司的实际情况都不一样（如加工土豆每公斤的成本是多少的问题，由于每个企业的工艺不一样，所以很难有统一的行业标准）；第二，如果实际水平与行业水平的差异很大，按照行业水平来考核会严重打击员工的积极性；第三，如果企业实际水平已经大幅度高于行业水平，那么以行业水平来考核，员工会轻易得到高分，不利于管理精进，也不利于提高绩效水平。

　　另一种方法是排名，就是自己跟自己比，通过精进的思想，不断改进。如果整个团队都比较弱，就"矮子里拔将军"，选出优秀的员工，让大家向优秀员工看齐。如果整个团队都很优秀，一样可以找到更优秀的员工与排名靠后的员工。这样做的好处是在一个团队内部考察，通过评比排名，明确每个人处于什么样的位置，可以激发员工"你追我赶"的热情，形成积极向上的团队氛围。当然，这种考核方法也有不足，即它对团队文化与团队氛围的要求比较高，只有在一个充满活力、力争上游的团队中才会有比较好的效果。

第二种考核方法有效地克服了行业对标的缺点，它适合有很多人在同一个岗位的情况，可比性比较强。下面举两个例子，看下海底捞的评比是如何开展的。

一、一线门店四项工作评比

1. 评比维度

（1）翻台率。根据财务部提供的全公司门店的翻台数据，分别对开业一年以内的环比上升率、开业一年以上的同比上升率进行评比。

（2）创新。每季度末做一次评比，选取维度为该季度的门店创新推广的数量、推广的质量，由创新管理办公室按照权重计算。

（3）同行学习。每个月以学习次数和学习价值为依据进行评比，其中学习次数占 20%，学习价值占 80%。学习价值由创新管理办公室组织相关部门进行评价。

（4）员工投诉。每个月根据企业论坛、百度贴吧、举报热线、督办中心邮箱、员工呼叫中心、官网等固定信息采集渠道收集员工的投诉信息，然后根据投诉量、处理率进行评价。

2. 奖惩

（1）评比规则。

①翻台率。环比每个月排名的前三位、后三位；同比每个月排名的前十位、后十位。

②创新。每季度的排名取前十位、后十位，名次在未来 3 个月内有效。

③同行学习。每个月的排名取前十位、后十位。

④员工投诉。每个月对有投诉的门店进行公示，该项不纳入总评比。

（2）奖励。每个月三项评比数据中有两项排名在前十位的门店，奖励店经理银豆豆一枚；年底综合排名在前十位的门店，奖励店经理金豆豆一枚，奖励门店骨干员工国内旅游一次。

（3）处罚。对于月度排名在后十位的门店，要进行全公司通报批评，并罚款现金 1000 元；单项评比连续 3 次排名末尾，或一年中有 5 次排名末尾的门店，或年度排名在后十位的门店，海底捞将根据具体情况判断是否对该门店进行降级、对店经理进行撤职处理。

二、小区经理月度经营管理评比

小区经理是小区的第一负责人，每个小区的门店数不一样，一般会有 10 个以上。按照每家门店平均每年 5000 万元营业额计算，一个小区经理管理的年营业额在 5 亿元以上，可见其肩上的担子并不轻。

1. 评比维度

（1）经营评比。经营状况评比主要是评比桌数指标，首先将本小区门店分类（开业 3 个月之内不评比，4 个月 ~1 年为一类，1~2 年为一类，2 年以上为一类），然后将本小区门店的经营状态分别与去年同期对比，与上个月对比，最后对每类门店计分并进行排名。

（2）招聘评比。主要评比门店对招聘任务的完成率（以面试合格为准）。

（3）执行力评比。执行力的得分来源分为三类：七个不放过的处理情况、自己申报的执行效果好的流程、上级临时交办的事项。

执行力评比采用"要分制"，每申报一个项目，得分为 15 分、10 分、5 分、0 分不等。

2. 评比结果应用

每个月对所有小区经理的经营管理工作进行排名，并给予相应的奖惩。对第一名授予本月"金牌小区"荣誉称号，颁发奖牌和象征荣誉的巧克力一盒。获得巧克力的小区经理要与本片区门店经理分享。对第二名授予本月"银牌小区"荣誉称号，颁发奖牌和象征荣誉的巧克力一盒。获得巧克力的小区经理要与本片区门店经理分享。对第三名授予本月"铜牌小区"荣誉称号，颁发奖牌和象征荣誉的巧克力一盒。获得巧克力的小区经理要与本片区门店经理分享。所有名次进入档案，年底总评时作为重要参考。

通过对上述规则的了解大家会发现，所有的评比都要与全体员工的利益进行绑定。当然，这种利益有物质层面的，也有精神层面的；有正激励，也有负激励。评比的项目紧紧围绕海底捞想要的管理维度展开，发展阶段不一样，评比的维度也会相应地进行调整。调整的只是评比内容，相互竞争的核心思想不会变化。每个人都希望得到认可，要顾及每个人的感受会比较困难，而排名就很好地解决了这一麻烦。员工之间相互竞争，靠自己的努力得分、取得排名，既激发了员工的积极性，又避免了上级打分时的为难。

评比，本质上是营造竞争的氛围，让员工相互竞争起来，至于奖罚都只是表象，不是核心。评比只是绩效考核的思路之一，具体怎么做就要看每个企业的实际情况了。

◉ 员工授权

员工授权一般有两种情况：一种出现在大型企业。大型企业管理比较规范，有完整的授权体系，每个部门、每个人都有相应的权限；另一种出现在较小或中型规模的企业，在这些企业中，权利集中在少数人手里，或者权利分配不太明确，大家按照约定俗成的规则办事。

对于第一种情况，可能出现的问题是无法穷尽所有可能出现的情况，或者规定太细，对于一些特殊情况不能灵活处理。对于第二种情况，如果不分权，少数高层会很累，而基层则没有主人翁的参与感；如果分权但是授权不太明确，很多情况下员工就需要靠个人的经验判断是否在自己的权利范围内。

从企业的生命周期来看，公司的管理是从人治到法治的过程。到了一定阶段，公司就需要靠制度管理，制度管理就是最好的授权。一切按规矩办事，有明确的规定，员工就不会无所适从、不知道自己有没有这个权利了。对于大多数人而言，权利越大，责任越大。

一、授权要明晰，也要有灰度

对于一些可以量化的财务方面的签字权限，予以明确会比较好。例如，海底捞副总经理的权限是 200 万元，小区经理为 30 万元，经理为 3 万元。

对于一些需要个人灵活判断的事情，有灰度会比较好，不能规定得太"死"。如果规定得太"死"，就会磨灭员工的创造力，僵化地执行会给企业带来不利的结果。以海底捞一线门店的服务员为例，其授权特点主要有以下几个。

第一，符合条件的普通员工，有权以抹零、赠送小菜和捞面、打折与免单等方式处理突发事件或提高顾客满意度。

第二，各管理人员对第一条处理的情况，对于方法上的不足在事后做培训，但对于方法不恰当的不得处罚。

授权给了员工很大的自由度，员工会有一种当家做主的感觉。在顾客投诉的时候，服务员会更加自信，可以更从容地自行处理，而不是碰到问题就瞻前顾后，各种请示。后一种情况既会影响顾客满意度，又会影响员工满意度。

二、授权不只是给予，还要约束

授权看似把权利给了员工，其实是有限的授权，不用担心会失控。因为授权不只是给予，还会有约束。约束有两种形式，一种是被授权人良心的约束（当然这个约束不是强制性的，只是道德层面），另一种是制度的约束。

对于服务员的授权管理，约束规则比较简单，就是规定红线，这个红线就是人品，一旦触碰就要启动处罚机制。例如，发现员工吃单，则给予开除处理；员工举报吃单，并且举报情况属实，则给予举报人 1 万元以上的奖励且保密；各级人员自查到部门内吃单，则奖励金豆豆一枚。

三、授权既是权利，又是责任

权利与责任向来是同时出现的，是对等的关系，获得一种权利的同时，自然需要肩负相应的责任。一旦行使了某个权利，出现相应的后果后，就应承担对应的责任。所以，在设计授权时要考虑两者的平衡，只要做好了两者的平衡，就不用担心权利失控了。

这里我再举一个例子。为规范财务制度，合理控制员工借款，海底捞制定了员工借款规定，员工在遭遇疾病或家庭发生突发事件时，可向海底捞借款。若遇到其他特殊情况确实需要借款，员工也可以提出申请，各部门负责人或店经理批准后员工方可借款。

员工借款时必须写书面申请，10元以上金额必须经所属部门最高领导批准。对于紧急、特殊的事项，经相关领导同意后，财务部可先借款给员工，后完善借款手续。由于审批不当而造成的坏账损失，由审批人承担相关责任。

如果你是财务部负责员工借款的人员，判断出当前员工借款情况不属实，或者当前员工不可信，你敢乱用相关权利吗？应该不敢，因为虽然你有签字同意借款的权利，但一旦签了字，你就承担了一份责任。

本节谈到的授权属于权利范畴，研究授权的相关制度十分重要。让授权既能激发员工的动力，又能有效提升企业的管理效率，同时又不会造成经营风险，是一门学问。

◎ 后备

炒股的人都知道，买股票的时候一定要看企业的基本面，基本面好的企业才具有投资价值。盲目炒股只能算是投机，而不是投资。

那么问题来了，什么是基本面？每个人对基本面都有不一样的理解。在我看来，关于基本面的评价至少要看一个维度，那就是企业的成长潜力。而对成长潜力的评价也应该有不同的维度，对于连锁类的劳动密集型企业，一项重要的指标就是这个企业的人才储备情况，因为这决定了该企业扩张的可能性。

为什么要做后备培养？答案其实很简单，就是为企业的扩张做准备。不然，资金具备了、技术具备了、市场机会具备了，人员却跟不上，那样就白白浪费了时机。

很多企业面临人才困境，特别是一些关键岗位，没有替代的人选。这个时候，往往员工个人的成长瓶颈就成了企业发展的瓶颈。

为什么强调后备人力的重要性，就是基于以上的原因。所以，对于后备人力的培养，再怎么强调也不为过。

在培养后备人力的过程中，不少企业会碰到很大的阻力——没有人愿意带后备人力，都担心后备人力会威胁到自己的地位，就像俗话说的那样："教会了徒弟，饿死了师傅"，这是人性使然。所以，作为企业管理者，不应该去责怪师傅，而是应该自我反思，反思企业的制度哪里不合理，如何才能合理地引导师傅心甘情愿地去教徒弟。

海底捞一线门店的后备人力培养制度非常完善，很好地解决了师傅不愿意教的问题。它的核心思路是"师带徒"，将双方进行利益捆绑，师傅可以从培养徒弟这件事中获取利益，这样才有培养的动力。同时，师傅也不会因为培养了徒弟而导致自己的地位受到威胁。例如，徒弟刚入职，其计件的收入要交给师傅；徒弟去新店当店长，师傅可以享受新店的分红。一个企业内部，越往上走，职位越有限。一个店长要想增加收入，只有两个途径：一个是升职，另一个是培养徒弟开新店。培养徒弟开新店就相当于自我创业，海底捞提供了一个平台，师傅可以通过不断地培养徒弟来增加自己的分红收益。关于这方面的具体细节，在冲 A 脱 C 与干部分红的章节有详细的介绍，这里不再阐述。

下面以职能部门为例，介绍海底捞是如何展开后备人力培养的。

由海底捞明确具体的后备人力培养规则，以及相关的奖惩制度。具体做法：首先，每个师傅要明确自己的徒弟是谁；其次，明确阶段性的培养计划；再次，海底捞跟进培养的过程及结果，并进行考核；最后，根据考核结果，进行相应的奖惩。

这里重点介绍一下师带徒结果的评估。对于职能部门的人员而言，对培养的结果进行评价是件比较困难的事情，因为职能部门都是专业岗位，员工从事的是智力劳动。对此，海底捞会从以下两个维度对师带徒结果进行评估。

通用素质评估：抽取通用素质模型中的关键行为，制成评估表，对师傅、直接下级以访谈、问卷形式开展评估。

非通用素质评估：根据实际培养目标设置评估方式，通过访谈、问卷、测评、情景模拟等形式开展评估。

对于通用素质评估，海底捞确定了通用能力评估的 12 个维度：尽职敬业、学习能力、有效沟通、自适应力、改进创新能力、团队管理、结果导向及创造性执行、团队协作、客户导向、系统性分析及解决问题、影响力、培养和发展他人。表 8-9 以其中的尽职敬业维度为例，看一下海底捞是如何对此展开评价的。

表8-9　通用素质定义及行为描述

素质名称	尽职敬业		
素质定义	热爱工作，恪尽职守，能从工作中找到快乐、成就感；持续完善工作标准；勇于承担责任；以积极心态克服困难、应对压力；注重工作方式、方法和效率；所有工作行为以公司利益为出发点；把个人成长与岗位责任紧密结合；对自己的长远发展负责		
正面行为	✓ 对自己的岗位职责表现出高度的热情 ✓ 勇于承担有挑战性的工作任务 ✓ 对承诺的事情积极、及时落实，不能按时实现时及早沟通 ✓ 即使时间紧迫或有其他压力，也坚持保证工作的质量 ✓ 为了达到更高质量的结果，愿意付出额外的努力 ✓ 对简单重复性的工作及小事，每次都坚持做好 ✓ 敢于提出有建设性但不一定受欢迎的意见 ✓ 以积极的态度接受批评和建议并采取行动 ✓ 主动做好自己岗位职责和与上下游的衔接 ✓ 主动梳理本职岗位的工作流程 ✓ 建立与团队目标相一致的个人绩效目标 ✓ 对自己的岗位职责有清晰的理解和认知	负面行为	✓ 没有自知之明，也不主动提高自我认知 ✓ 为不承担责任寻找各种借口 ✓ 在涉及利益冲突的情况下，公私不分明 ✓ 不计成本、不讲发展阶段、不顾大局的精益求精 ✓ 说一套做一套，言行不一致 ✓ 画地为牢，不愿承担新的职责 ✓ 对批评和建议采取防御或推诿的态度 ✓ 只把自己喜欢做的、习惯做的工作做好 ✓ 迎合领导的意见、想法，明知行不通还表示支持或不表达意见 ✓ 随意承诺但又不去兑现承诺 ✓ 因急于求成而忽略很多细节 ✓ 只关注对上级的承诺而忘记对客户的承诺 ✓ 看不到激情和活力，经常做工作以外的事情

✓ 不断给自己设定更高的工作质量标准 ✓ 通过各种途径寻求他人反馈以不断了解自己的优点和不足 ✓ 在自我认知的基础上不断明确自己的职业发展方向 ✓ 在预见或遇到风险时主动向相关人员汇报及咨询 ✓ 在公司内外主动维护公司的声誉和品牌形象 ✓ 在工作中不断探究提高工作效率的方式、方法 ✓ 对工作中涉及的客户信息和敏感的经营信息严格保密 ✓ 在遇到困难时，不轻易放弃，表现出勇气和毅力	✓ 通过批评下属办事不利来推脱自己应该承担的责任 ✓ 接受工作任务后担任二传手的角色，只分配工作任务，不关注过程和关键控制点，不提供资源支持，到时间节点只问结果 ✓ 经常犯重复性的错误 ✓ 主动工作的积极性不高，总是被督促着做工作

后备人力培养是人力资源管理者绕不开的话题，是人力资源总监的头等大事，但是对于一些企业负责人而言，后备人力培养却不一定是大事。所以，希望企业的负责人都关心这个问题，让后备人力培养也成为领导们绕不开的话题。这样企业的进步应该会更快一点，我们整个社会的进步也会更快一点。

CHAPTER

09

第九章

干部管理

在一个企业中，干部的水平往往决定了团队的水平，干部的天花板就是团队的天花板。因此，干部的培养和选拔就显得尤为重要。候选人不仅要具备较强的业务技能，而且要有带领团队前进的能力。海底捞把对干部的选拔由过去单一的上级决定，改为上下级一起决定，让员工都参与到选举投票中，一起决定谁才是真正能带领团队走向成功的人。

一线干部的升迁

　　从员工激励的角度来讲，一定要让员工明确未来的发展方向，这样每个人的工作目标才够明确，员工才能为了实现这个目标，自发、自动地努力工作。在这一点上，海底捞一直致力于建设一个公开、透明的员工成长通道，并以制度的形式明确下来，让每个员工都能看到希望，并且相信这个希望能够实现。一线所有的干部都是内部培养的，并且要从基层岗位做起。海底捞所有的小区经理、副总等都曾经是服务员，他们的升迁成长史为每个基层员工树立了榜样。一个个真实的案例就在身边发生，让员工觉得用双手改变命运不再是梦。

一、升迁蓝图

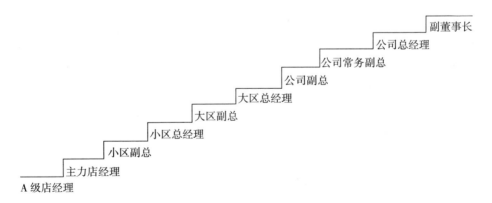

二、选拔标准

1. 主力店经理的选拔标准

所拓门店中每三家店有两家店在规定时间内冲 A 成功

（即所拓门店冲 A 成功率为 2/3）者为主力店经理，自被评为主力店经理之日起，每 4 年评估一次。若主力店经理冲 A 成功率低于 2/3，则退回到 A 级店经理。

2. 主力店经理升小区副总的选拔标准

（1）所属小区至少拥有 4 名主力店经理。

（2）主力店经理自愿报名。

（3）创新得分情况，四进三的淘汰。

（4）流程、制度得分情况，三进二的淘汰。

（5）民主头投票（参与投票的人为本小区店经理及以上级别人员），二进一。

所有主力店经理均有权决定自己的店挂在哪一个小区；民主投票被淘汰者，由大区总经理出面沟通，以保护其工作积极性为主要内容：指出问题、提出希望，落选不落志。淘汰者的主要选择如下：

①在本人自愿的情况下从头再来（退回到主力店经理）；

②调到大区做助理，保留薪资待遇一年；

③进入职能部门，待遇秉持就高不就低的原则，薪资（按照原岗位工资上调 10%）待遇保留两年，若新岗位的工资超过原有工资的 10%，则按新岗位待遇执行。

3. 小区副总升小区总经理的选拔标准

（1）小区总经理离任。

（2）所辖店加所拓店数量达 14 家。

（3）满足上述两点中的任一点，由大区副总提名，公司总经理任命。

4. 小区总经理升大区副总的选拔标准

（1）小区内 A 级店所占比例的排名居全公司前 5 名的小区总经理入围。

（2）五进四的淘汰，主审官为大区总经理，淘汰指标如下：

①在其他职能部门兼职时的表现情况，参考相应部门（如大宗采购委员会、工程委员会等）的评价结果；

②攻坚克难的功绩，如新城市开业、落后地区的扭转。

（3）四进三的淘汰：创新得分。

（4）三进二的淘汰：流程制度执行情况的评比结果。

（5）二进一的淘汰：民主投票。

民主投票被淘汰者，由大区总经理出面沟通，以保护其工作积极性为主要内容：指出问题、提出希望，落选不落志。

5. 大区副总升大区总经理的选拔标准

（1）前提是大区总经理离任。

（2）所辖店加所拓店数量达 140 家。

（3）学习创新优胜者得 50 分。

（4）流程制度执行情况优胜者得 50 分。

（5）学习创新和流程制度执行情况总分优胜者胜出，总分相等时由公司总经理任命。

6. 大区总经理升公司副总

公司总经理提名，董事会批准。

7. 公司副总升公司常务副总经理

（1）轮流分管一线工作全优者。

（2）轮流分管后勤主要工作全优者。

（3）满足以上两点任何一点即可任常务副总。

（4）董事会任命。

8. 公司常务副总升公司总经理

（1）轮流分管一线工作全优者。

（2）轮流分管后勤主要工作全优者。

（3）满足以上两点中任何一点即可任总经理。

（4）董事会任命。

9. 公司总经理升副董事长

5 年任期届满，董事会认可者。

三、选拔特点

上述选拔规则都非常简单，只列出了一些考察要点，但其中涵盖了很多管理信息，至少包括以下几个方面。

海底捞的管理思想：竞争、民主。竞争是贯彻海底捞内部管理的一条主线，只要有团队的地方，就会设置竞争机制，只是不同的团队，其竞争机制的具体规则与表现形式不一样罢了。民主也是一个关键的核心思想，所有干部的选拔都需要民主投票（当然，对于我国的大多数公司而言，民主选举的条件都不太成熟，因为很多员工"选举的能力"不足。海底捞也面临这个问题，为此还专门拍摄了视频对员工进行教育），进行民意测评。这也是体现海底捞核心文化非常好的实例，形象地诠释了海底捞的三大目标之一：致力于创建一个公平、公正的工作环境。

海底捞内部日常考核维度：创新、流程制度执行情况。本书的相关章节对此有单独介绍，这里就不再深入探讨了。

海底捞的企业文化：关注员工。"落选不落志"，看似一句简单的话，其内涵值得大家细细地品味。相比升迁的人而言，海底捞更关注落选的人，关心他们的感受。因此要求落选者的上级要在落选者落选当天与其进行沟通，要给其更多的选择。落选者可以回到以前的岗位继续工作；如果不想回到以前的岗位，可以申请调区；可以去给上级领导做助理；也可以到职能部门任职。当然，海底捞还是鼓励落选者回原岗位，在哪里跌倒，就在哪里爬起来。

正是因为有了这样的安排，海底捞的员工流失率才会非常低，管理干部才会死心塌地地同公司一起成长。如果我是落选者，有公司这样体贴入微的照顾、无微不至的关怀，估计我心里也会暖暖的，会愿意继续工作、再接再厉吧！

二线干部的升迁

　　海底捞二线干部的选拔规则与一线的类似，有明确的选拔标准。海底捞的干部管理小组会根据相关规定进行严格的把关。那么海底捞集团职能部门员工的晋升与选拔标准到底是什么呢？

一、职能部门员工的晋升路径

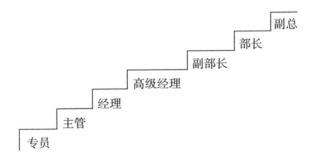

注：副总职位依据部门业务发展需要设立。

二、晋升标准

　　当出现岗位空缺时，是外招还是内招，由部门负责人决定。具体晋升招准如表9-1所示。

9-1　员工晋升标准

维度	升主管	升经理	升高级经理	升副部长	升部长	升副总
前提条件	岗位空缺	岗位空缺	岗位空缺	岗位空缺	岗位空缺或任期结束	岗位空缺或任期结束
必要条件	1.一级专员级别； 2.晋升前3个月的绩效结果达到"B"及以上； 3.一个C级以上创新	1.本部门主管级别与其他部门一级主管以上级别的人员； 2.竞聘前3个月的绩效结果达到"B"及以上； 3.两个C级以上创新	1.经理以上级别的员工； 2.竞聘前3个月的绩效结果达到"B"及以上； 3.两个C级以上创新	1.高级经理级别以上的员工； 2.竞聘前3个月的绩效结果达到"B"及以上； 3.一个B级以上创新	1.高级经理级别以上的员工； 2.竞聘前3个月的绩效结果达到"B"及以上； 3.两个B级以上创新	1.部长级别以上的员工； 2.一个A级以上创新
否决条件	民意测评（提名/转正）	民意测评（提名/转正）	民意测评（提名/转正）	民意测评（提名/转正）	民意测评（提名/转正）	民意测评（提名/转正）
晋升方式	部门内部选拔	公开竞聘	公开竞聘	公开竞聘	公开竞聘	公开竞聘
晋升程序	1.部门负责人提名； 2.人事部审核； 3.民意测评； 4.OA公示； 5.人事部存档	1.OA公示竞聘信息； 2.报名； 3.竞聘答辩考核,选出两名优胜者； 4.民主投票； 5.OA公示； 6.人事部存档	1.OA公示竞聘信息； 2.报名； 3.执行力、创新评比选出前三名； 4.竞聘答辩淘汰一名； 5.民主投票； 6.OA公示； 7.人事部存档	1.OA公示竞聘信息； 2.报名； 3.执行力、创新评比选出前三名； 4.竞聘答辩淘汰一名； 5.民主投票； 6.OA公示； 7.人事部存档	1.OA公示竞聘信息； 2.报名； 3.执行力、创新评比选出前三名； 4.竞聘答辩淘汰一名； 5.民主投票； 6.OA公示； 7.人事部存档	1.OA公示竞聘信息； 2.报名； 3.执行力、创新评比选出前三名； 4.竞聘答辩淘汰一名； 5.民主投票； 6.OA公示； 7.人事部存档

续表

维度	升主管	升经理	升高级经理	升副部长	升部长	升副总
转正程序	1.参加职能部门新晋主管培训并考试合格； 2.转正的上个月绩效合格； 3.民意测评合格； 4.OA任命公示	1.参加职能部门新晋经理培训并考试合格； 2.季度绩效合格； 3.民意测评合格； 4.OA任命公示	1.参加本岗位流程、制度培训并考试合格； 2.季度绩效合格； 3.民意测评合格； 4.OA任命公示	1.参加本岗位流程、制度培训并考试合格； 2.季度绩效合格； 3.民意测评合格； 4.OA任命公示	1.参加本岗位流程、制度培训并考试合格； 2.民意测评合格； 3.OA任命公示（任期5年）； 4.轮岗合格； 5.OA任命公示	1.民意测评合格； 2.绩效考评合格； 3.OA任命公示（任期5年）

三、指标测评标准

具体指标测评标准如表 9-2 表示。

表 9-2　指标测评标准

考察项目	考察要素	测评标准	测评方法	备注
否决条件	民意测评	1.所属部门所有员工及业务相关人员参与测评； 2.实际投票人数达到应投票人数的80%，给出的评分在60分以上的员工占当次投票人数的70%以上	1.本部门人员全部参与测评； 2.业务相关人员参与测评人数：主管级不低于5人，经理级原则上不低于10人，个别岗位测评人数不足，可以采用面谈方式；高级经理、副部长不低于15人，部长不低于20人	民意测评不通过者，直接淘汰

续表

考察项目	考察要素	测评标准	测评方法	备注
必要条件	学习与创新	1.业务创新：特级创新，得20分；A级创新，得15分；B级创新，得10分；C级创新，得5分；2.流程制度创新：A级创新，得15分；B级创新，得10分；C级创新，得5分	1.创新管理办公室业务创新档案；2.流程管理部流程制度创新档案	总分排序包括三项：学习与创新、加分项、减分项（执行力）
晋升程序	公开竞聘	1.考评人员组成：集团公司分管副总、业务部门负责人、人事部负责人、干部管理负责人；2.高级经理及以上级别的人员竞聘时，分管副总必须参加；3.考评标准包括领导力、逻辑思维能力、沟通能力、专业能力，综合评价得分低者淘汰；4.部长、副部长以上级别人员竞聘时，分管领导必须参加，董事会成员至少有2人参加	当符合条件的报名人数不足4人时：1.3人时，直接竞聘；2.2人时，竞聘与民主投票同时进行，竞聘得分高者折算成5票，低者为0票；3.1人时，如果符合各项条件，则直接提名公示	—
	民主投票	招聘部门普通员工每人1票，主管级1票折算成2票，经理级1票折算成4票，高级经理/副部长1票折算成8票，部长/分管副总1票折算成10票	由人事部组织，网络投票或现场匿名投票	—
	轮岗	轮岗考核合格	根据部门业务需要确定轮岗时间与需求	

续表

考察项目	考察要素	测评标准	测评方法	备注
加分项	人员培养	1. 培养一名主管，得5分； 2. 培养一名经理，得10分； 3. 培养一名高级经理，得15分； 4. 培养一名副部长，得20分	1. 副部长及以下级别的人员以培养直接下级为标准； 2. 部长级别以培养本部门员工为标准	—
	奖励	1. 公司通报表扬，得5分； 2. 部门通报表扬，得2分	以OA公示为准	
减分项	执行力	1. 会议催办，一项未完成扣5分； 2. 领导交代任务，一次未完成扣5分； 3. 本岗位流程执行，被通报一次扣5分	1. 督办中心通报； 2. 领导月/季度考评记录	—

　　二线部门的管理岗位升迁与一线门店升迁的逻辑规则大体是一致的。只是相对于一线来说，二线的管理岗位不是随海底捞规模的扩张而相应成比例增加的，所以其晋升岗位的设置不是以业务驱动的（如一线围绕着门店冲A来设置相关的升迁规则），而是以组织结构及业务职责驱动的。其好处就是，随着公司规模的扩张，二线人员数量占比会随之下降，管理费用也会随之摊薄，对公司而言是一件有利的事情。正因为二线部门岗位数量的稀缺性，在干部选拔上要特别注重规则的合理性与过程的透明性。否则就会升了一个人，伤了一片人，得不偿失。

◉ 专业岗位爬山图

　　二线部门的专业岗位与一线部门的情况不太一样，二线员工从事的主要是脑力劳动，一线员工则以体力劳动为主，所以对二者的评估会有一些差异，在升迁路径的设计上也会略有不同。

　　对于二线部门的专业岗位升迁路径的设计，首先需要明确每个部门的定位、核心职责；其次明确其组织结构，根据组织结构，梳理相应的岗位及编制；最后根据需求给各岗位定职责，制定相应的能力素质模型，并明确其升迁标准，也就是爬山图。

　　下面以 IT 开发组为例，详细介绍职能部门专业岗位爬山图的设计逻辑，其他部门爬山图的设计逻辑与之是相通的。

一、IT开发小组爬山图

　　所谓爬山图，就是员工的升迁路径。在这条路径中，会明确给出不同级别的能力素质要求，以及不同级别可以得到的相应回报。表 9-3 所示的 IT 开发小组爬山图，解释了岗位能力素质模型、岗位级别、薪点三者之间的对应关系。

　　其中，能力素质模型有 8 个维度，每个维度又分为 1~5 级；每个职级分为 9 个薪点，每个薪点对应一个薪酬值，每年会根据市场情况对每个薪点的薪酬基数进行动态调整。

　　技术序列岗位不像管理序列，技术岗位受到职位数量的限制，可以以技术能力为评定依据。这样能力高的员工，即使不到管理岗位任职，也可以拿到与管理岗位相当的薪

表 9-3 IT 开发小组爬山图

爬山图			能力素质模型（1~5级）							
岗位级别	晋升通道	薪点	IT规划能力	IT需求分析能力	IT技术开发能力	IT应用配置能力	IT项目管理能力	信息安全管理能力	IT问题处理能力	IT事件管理能力
开发经理	一级	7.2-7.1	5	5	2	3	5	4	2	2
	二级	7.4-7.3	5	5	2	2	5	4	2	2
	三级	7.6-7.5	4	5	3	3	5	3	3	3
	四级	7.9-7.7	4	5	3	3	5	3	3	3
开发主管	一级	6.2-6.1	4	4	4	4	4	4	4	3
	二级	6.4-6.3	3	4	4	4	4	3	3	3
	三级	6.5-6.4	3	4	3	3	4	3	3	3
	四级	6.9-6.6	3	3	3	3	3	3	3	3
开发专员	一级	6.8-6.4	2	4	4	3	3	3	4	4
	二级	5.2-5.1	2	3	3	2	2	2	2	3
	三级	5.5-5.3	1	2	2	2	1	2	2	2
	四级	5.9-5.6	1	2	2	1	1	1	1	1

酬。这种设计为专业岗位的员工开辟了职业发展的上升通道，是对知识型
员工价值的认可。虽然这种设计在互联网企业很常见，但在传统劳动密集
型行业中并不多见。

二、IT开发小组的能力素质模型

IT 开发小组的爬山图中提到了 IT 开发小组的能力素质模型，那么这
个能力素质模型中的 8 项专业能力的定义是什么呢？每项能力分为 5 个级
别，每个级别的标准又是什么呢？接下来将一一进行讲解。

由于涉及企业的一些管理细节，因此每个级别对应的考核方向在这里就
不进行具体的描述了，只介绍能力素质模型的含义与各个级别的具体标准，
如表 9-4 所示。

表 9-4　能力素质模型的含义及级别标准

能力编号	专业能力项	含义	分级	级别描述（原来）
C3XX1	IT 规划能力	根据公司现状，结合企业战略规划对个人、各部门及公司的 IT 系统架构提出合理的建议并进行中长期规划的能力	5级	1. 能够根据公司战略目标及公司发展状况，结合 IT 技术发展趋势，前瞻性地制定符合公司实际情况的 IT 战略目标； 2. 能够明确 IT 定位、建立 IT 决策框架和 IT 职能的运作体系； 3. 能够有效审查 IT 规划方案的架构和部署策略
			4级	1. 能够根据 IT 战略目标，组织制定合理的公司 IT 规划方案（如 IT 规范、制度及相关技术标准，IT 基础设施、应用系统、网络安全等）； 2. 能够根据日常业务需求及业务变更，预见性地发现问题并及时进行体系架构优化和工作调整
			3级	1. 全面理解企业经营战略和 IT 建设的方向，能够结合部门工作提出 IT 规划专项建议并制定专项方案； 2. 能够及时、准确地发现实施过程中出现的各类问题，并针对 IT 战略规划实施方案提出合理的建议

续表

能力编号	专业能力项	含义	分级	级别描述（原来）
C3XX1	IT规划能力		2级	1.理解企业经营战略和IT建设的方向，能够结合岗位工作提出IT规划专项建议； 2.能够发现执行过程中存在的问题并提出合理的专项建议
			1级	了解企业经营战略和IT建设的方向，能够根据自身实际工作情况提出建议
C3XX2	IT需求分析能力	对用户提出的需求就其提出的原因、期望达到的效果进行沟通，分析其合理性，并结合业务及IT技术给出合理建议的能力	5级	1.能够深刻理解公司战略需求或影响多部门业务的IT需求，明确目标和方向； 2.能够剖析业务部门需求，结合IT规划，优化业务流程，提出整体解决方案
			4级	1.能够深刻理解用户提出需求的原因和其期望达到的效果，并制定可行性方案，组织用户进行需求确认并达成一致； 2.能够结合业务知识及IT技术在对用户的需求准确提出合理建议的同时，发掘用户潜在的需求； 3.能够将业务需求转化为相关标准需求文档、系统原型等
			3级	1.能够准确理解用户提出需求和其期望达到的效果并达成一致意见； 2.能够结合业务知识及IT技术，对用户的需求提出合理建议； 3.能够针对用户需求，分析和设计业务模块原型文档
			2级	1.能够独立与用户进行需求沟通确认，对需求进行准确的分类和汇总； 2.能够准确理解用户提出需求的原因和其期望达到的效果，有效地向上级传达； 3.能够撰写准确的需求分析文档； 4.能够正确梳理业务流程，并转化为流程图文档
				1.能够同用户进行需求沟通，并准确了解用户的需求；

续表

能力 编号	专业 能力项	含义	分级	级别描述（原来）
C3XX2			1级	2.能够根据用户需求进行沟通，并撰写成准确的需求描述
C3XX3	IT 技术 开发能 力	…	…	…
C3XX4	IT 应用 配置能 力	…	…	…
C3XX5	IT 项目 管理能 力	…	…	…
C3XX6	信息安 全管理 能力	…	…	…
C3XX7	IT 问题 处理能 力	…	…	…
C3XX8	IT 事件 管理能 力	…	…	…

注：限于篇幅，以上内容仅作为示例，不对每项进行具体描述，但不影响对其评价逻辑的理解。

有了以上关于能力素质的评价标准，员工本人就可以找出自身与标准的差距了，可以有针对性地进行学习提升。对上级而言，在做员工晋级评价时，也有了相对完整的评价标准，不用左右为难了。

三、与一线部门升迁蓝图的区别

通过上述关于 IT 开发小组爬山图的介绍，我们会发现，职能部门员工的升迁采取的是对标的方法，达到什么标准就是什么级别（一些高级岗位除外），而一线员工的升迁采取的是竞争机制——竞聘淘汰的方法。这两者之间没有孰优孰劣之分，只有适合与不适合。一线发展快，职位空缺多，竞聘比较适合；二线专业岗位多，管理岗位空缺少，适合采用对标方式。管理没有绝对的标准，因地制宜才能开出绚烂的花朵。

不管是一线部门还是二线部门，员工的升迁蓝图都是组织建设最重要的工作之一，爬山图为每个员工指明了成长的方向，明确了目标，是员工激励的核心内容。当然，升迁蓝图并不是给员工画一张大饼，而是需要在组织建设中落到实处，让每位为企业创造价值的员工都能在爬山图上找到自己的位置，实现职业成长与自我价值。当然，要实现这些，就需要公司配套制定其他的管理制度，以确保每个人在爬山图中都有公平、公正的机会。

◉ 店经理选拔

在海底捞的商业模式中，门店是基本的阿米巴经营单元，是一个独立的利润中心。海底捞就是由这样一个个独立的阿米巴单元组成的。店经理负责门店的经营管理，是门店的最高行政长官，自然就成了海底捞的核心角色。连锁行业的每个门店的管理都具有一致性和可复制性，管好了其中一家门店，就能管好全公司的每一家门店。所以，在店经理选拔上，海底捞下了很大功夫，要用科学的方法培养并选拔出合格的店经理。如果方法得当，就意味着海底捞不用再担心所有店经理的能力了。本节将重点介绍海底捞店经理的选拔流程。当然，随着公司的不断发展和外部环境的不断变化，这个选拔流程也会发生变化，但是选拔中的一些核心思想是不会变的。

一、门店干部成长路径

领班要晋升见习值班经理，其所在小组须在冲 A 成功后轮岗，并轮岗合格。

见习值班经理晋升值班经理，要求见习值班经理掌握值班经理岗位的相关制度、流程，并在线考试合格；由门店组织民意测评，并获得 70% 员工的同意。

值班经理晋升见习店经理，要求值班经理所在分店冲 A 成功；所在小组在冲 A 成功后轮岗，并轮岗合格；通过分店组织的民意测评；获得两位店经理级别（含店经理）以上干部推荐；财务、物流、采购岗位轮岗合格，并获得轮岗证书，信息部技术考核合格。

见习店经理晋升店经理，要求 3 个月实习期满后的 15 日内，要通过由人力资源部组织管理干部进行的民意测评；掌握店经理岗位的制度、流程，并在线考试合格；接受海底捞大学的见习店经理培训，并获得证书。

二、后备店经理的确定

A 级领班及以上级别，并且轮岗合格才能成为候选店经理（轮岗部门为服务组、门迎组、配料房、上菜房）。

每个组轮岗的周期都是 1 个月，由店经理安排。在轮岗半个月后进行理论考试，由海底捞大学安排。如果考试不合格，则继续在轮岗的岗位学习，直到考试合格后才能进行下一轮轮岗。后半个月要根据理论知识提出创新或建设性意见。轮岗过程要记录，档案由店经理签字后提交绩效小组，绩效小组复核是否是按照流程操作的，若是，则签字确认。

轮岗期间要保证原组级别不能为 C，若原组级别为 C，即停止轮岗，回到原组。如果连续两次轮岗失败，则取消本轮轮岗资格。

门店在申报冲 A 的前 4 个月，选拔两名候选店经理，每月 5 日前将申报资料提交至所属小区经理处，小区经理 2 日内完成初审。如果初审合格，则由小区经理将资料提交给分管绩效的副总；如果不合格，则返回门店。

在申报冲 A 前，由绩效经理组织投票。投票前公布所有资料，并进行选民教育，实际有效投票人数要达到应投票人数的 80%。大区经理、小区经理的投票为 1 票抵 5 票，当次投票中的高票者（不得低于 50% 支持率，若低于 50% 则由大区经理会同小区经理敲定本次冲 A 是否取消）当选后备店经理。若两名候选人票数相同，则由小区经理再投一票，票高者当选。

关于竞选投票有三条特别注意事项。首先，海底捞会拨一定经费给候选人，候选人用于竞选活动的组织；其次，店经理不能参与竞选活动，选民由绩效小组确定；最后，店经理及以上干部不可在任何场合发表具有倾向性的意见，一旦出现，该店冲 A 将被推迟两个月，即取消该店当次担保资格。

三、职能部门轮岗

到职能部门轮岗需要学习以下内容。

1. 财务部的学习内容

（1）海底捞的制度：相关的人力、行政制度。

例如，月假、年假、春节假、婚假、陪同假等休假制度；夫妻探亲、住房补贴、孕婴补贴、子女教育补贴、父母补贴、产假制度等海底捞的福利制度。

（2）财务的相关制度。

例如，《出差管理办法》《关于经理及以上级别费用报销的规定》《资产管理规定》《物流采购付款规定》《员工借款规定》《签字权限的规定》等制度。

（3）财务核算基础知识培训。

例如，餐费收入、包间费收入、其他业务收入等分店收入项目；毛利率、翻台率、利润总额、企业所得税等相关基础财务知识。

2. 物流部、采购部的学习内容

（1）物流的学习要点。

①仓储台账：了解门店与物流如何衔接，门店订单的接受与处理，门店退货与门店异常要货的处理。

②计划：计划模型的学习，门店直送订单的处理，固定资产的处理，新品开发的衔接流程。

③品控：常规蔬菜类检验的项目，物流产品证件如何管控，理化指标检测项目，库房产品的收货流程，常用产品的收货标准及质量管控，车间产品的管控流程。

④生产：生产部的规章制度、工作流程，生产部 A 类产品的加工流程，领料、加工、交货的流程，原材料的鉴别及成品标准。

⑤仓储：收货验收标准及收货流程，发货相关的流程制度，装车、配送的相关流程制度与实操。

（2）片区采购的学习要点。

门店日常要货及固定资产要货流程，日常购货流程，食品安全索证等流程规定，产品市场询价、定价，冻货、酒水类产品的质量辨别等。

3. 信息部的学习内容

学习与门店相关的内容。例如，基础网络知识、相关的信息系统、行业网站应用（同行对比、竞争力分析）、信息数据分析、门店 IT 需求开发等。

四、后备店经理的理论考试

后备店经理人选须由两位店经理级别以上（含店经理）的干部推荐。被推荐人在推荐的岗位任职期间，由于人品问题（如撒谎、表里不一、严重侵犯海底捞的利益等）而导致考核未通过的，推荐人每人罚款 2000 元。

通过理论考试的被推荐人要报大区经理批准，明确其晋升资格。后备店经理的理论考试由后备店经理的师傅、所属小区经理共同参与，副总经理阅卷。

所有资料均合格后报总经理办公会审批，A 级店评定结果公布后，人力资源管理部下发实习任命书。

五、实习店经理的民意测评

对于实习店经理的考核，需要在 3 个月内由本店一级以上和工龄满一年的员工对其进行民意测评。民意测评结果中 60 分以上的票数占当次投票人数的 70%，则为达标。若未达到标准，则给予实习店经理两个月时间重新进行民意测评。

六、店经理的考核标准

店经理的工作是管理店面运营，因此门店的级别就是店经理的级别，而门店又是由一个个小组构成的，所以小组的级别也就决定了门店的级别。门店小组包括门迎组、服务组、上菜房、配料房、传菜组、深夜班组等。

1. A级门店标准

（1）A级小组不低于30%（门迎组或上菜房至少有一个为A级组，且前堂要求不低于2个A级服务小组），允许有一个C级小组。

（2）宿舍作为一个单独的小组，A级门店的宿舍得分必须在70分以上。

（3）神秘嘉宾检查分数必须在80分以上（当月检查3次，以综合分数为准）。

（4）店经理流程执行情况的得分必须在80分以上（按照执行效果打分，满分100分）。

2. B级门店标准

（1）B级小组不低于55%（门迎组或上菜房必须至少有一个达到B级组），前堂B级小组至少为一半。

（2）宿舍作为一个单独的小组，B级门店的宿舍得分必须在70分以上。

（3）神秘嘉宾检查分数必须在70分以上。

（4）店经理流程执行情况的得分必须在70分以上（按照执行效果打分，满分100分）。

选拔一个店经理是一件非常复杂的事情，流程比较多，制度要求也比较细，整个流程下来，培养一个店经理需要几年时间。虽然很多店经理学历不高，但是在这样系统化的训练下，通过层层考核，店经理的个人能力与知识储备都会大大提升。不过内部培养也是要付出代价的，就是要接受公司规模在前期发展会比较缓慢，因为人才的成熟需要一个过程，而每个新门店又是等到有了成熟的人才开业的。所以，一旦成熟的人才跟不上，就没有办法开新店。这也就不难理解，为什么以前海底捞不做年度经营计划了。因为公司的发展不是以计划为基础的，而是以人才培养的速度为基础的。

◉ 选民教育

前文讲到了海底捞提倡公平、公正，非常注重员工的意见，很多评价都需要员工进行投票，投票权是员工一项非常重要的权利。正确地行使这项权利与获得这项权利同等重要。所以，针对正确地行使投票权，海底捞有一项非常重要的工作，就是进行选民教育，对政策进行反复的宣讲，让每个员工都具备正确投票的能力。

一、选民须知

1. 为什么要进行公开、民主的干部选举?

（1）打破上级说了算，让员工当家作主。过去海底捞的门店管理，从领班到副总的升迁都是由上级决定，由上级管理者从优秀的业务人员中层层选拔。在这个过程中，海底捞有许多优秀的管理者脱颖而出，但也出现了许多失败的例子。

过去海底捞规模小，人也少，容易发现人才，对员工的工作也好评价。现在海底捞在快速发展，规模呈成指数增长，管理层不能及时了解员工对候选人的真实评价，有可能选择了不适合的人做管理者，导致团队无法向上发展，使团队员工的发展和升迁受阻等。

所以，海底捞希望将领导干部的选举由过去单一的由上级决定，改为由上下级一起决定。让员工参与到选举中，一起决定谁可以带领团队。

（2）让候选人把更多的工作精力放在员工培养上，帮助员工成长。

通过选举，避免了候选人只维系上层关系而忽视了下级需求的情况。所以，海底捞想用真正公平、公正、公开的方式选出员工心中的管理者。

2. 哪些职位需要民主选举？

领班、店经理、小区经理、大区副总、大区总经理、公司总经理等一线管理职位。

3. 什么时间进行民主选举？

各职位干部在见习前都要通过选举，否则没有资格做见习干部。

4. 选什么样的人？

一个优秀的管理者，不仅要是优秀店员，能赢得客户的心，有过硬的业务本领，还需要有良好的群众基础，只有能够真正获得员工的认可，才能带领一个优秀的团队。因此，员工选出的干部将影响整个团队未来的发展，甚至会影响每个团队成员的升迁和收入。员工在投票时，要考虑候选人是不是真正有能力带领团队；在为人方面是否能够真诚地帮助他人解决问题；是否能及时指出员工的不足，并督促员工及时改进；是否能够带领员工往前跑。

所以，海底捞希望通过民主投票选举，选出在能力上有潜力，在人品上能赢得员工认可，且业务熟练、做管理有创新、做决策有魄力，敢于指出下属不足的人，带领大家一起向前走。

5. 如果选举出现作弊怎么办？

选举过程中可能出现畸形的拉选票方式。例如，候选人用暗示的方式威胁、恐吓员工选择自己；候选人拉帮结派、不合理地拉选票，损害店内员工和谐；员工选自己喜欢的候选人，并且威胁、恐吓别人必须选该候选人；选举过程不公开，存在暗箱操作的情况。

海底捞欢迎员工监督民主选举的过程，发现上述情况时可立即向人力资源部投诉，经查证情况属实的，将取消相关候选人的竞选资格。

二、选举前的注意事项

1. 候选人上级

（1）不得在任何场合表露自己心仪的候选人。

（2）店经理及以上干部不得在任何场合发表有倾向性的意见，一旦出现类似情况，则该店冲 A 将被推迟两个月，即取消该店当次担保资格。

2. 签署承诺书

每个候选人在参选前，都要按照海底捞的规定格式，签订一份竞选承诺书。

3. 选前沟通

选举前两天，候选人上级应与候选人进行沟通，做好竞选前的心理安抚；再次提醒竞选后可能出现的两个结果，让候选人做好心理准备。

4. 选举注意事项

选举时，一张桌子只能坐两名选民，以确保选民互相看不到对方的选票，选民之间不能交头接耳。

三、选举后的注意事项

1. 候选人上级

竞选结果出来后，候选人上级要重点关注落选人，并在竞选结束后由小区经理级别或以上级别的人员带落选者离开竞选地点（领班由小区经理带离，店经理由大区总经理带离，小区经理由公司总经理辅导），并与落选者进行沟通及鼓励落选者。

具体方式方法包括，可以带落选人离开竞选现场，前往风景秀丽的郊外去放松两天；将落选人接去家里一起吃饭，可邀请落选人的家人一起参与；带落选人去其他城市学习。

沟通内容主要侧重于心理压力疏导、家庭生活关注与近期工作安排等。

沟通完成后还应该进行跟踪关注，可经常与落选人的家人进行沟通，以了解落选人的动态和想法，可与落选人的好朋友或关系比较好的同事、信任的人沟通，让这些人给落选人做思想工作。

2. 落选人未来的职业规划

（1）不能不问不管，又将落选人放到原岗位，这样可能会出现落选人消极对待工作的现象。

（2）根据落选人本人意愿，尽可能不把他与优胜者安排在一起工作，避免他与优胜者出现配合困难。

对于落选的候选人，海底捞希望他能勇于面对现实，不气馁。海底捞依然会关注他未来的职业发展，并提供更多的工作机会，帮助他在海底捞继续发展。

选择1：继续留在门店，可自行选择合适的岗位，等待下次竞选机会。

选择2：给更高一层的干部做助理。

选择3：到职能部门或其他门店发展。待遇秉持就高不就低的原则，薪资（按照原岗位工资上调10%）待遇保留两年，若新岗位工资超过原岗位工资的10%，则按新岗位的待遇执行。

民主从来都不是一件简单的事情，虽然我们都希望实现民主。要在形式上实现民主，相对比较容易，但要真正实现民主却是一件困难的事情，需要在程序上完善、公开、透明；更需要让参与者受到教育，成为一名合格的选民，这样他才能正确行使民主权利。对于企业而言，需要对员工的心理有深入的了解，然后才能不断优化民主规则。

◉ **民意测评**

　　干部选拔时，我们经常会忽略一个问题，就是员工对这个干部的拥护程度。大多数企业在进行干部任命的时候，主要看其过往业绩，对表现好的、业绩突出的就优先任用，甚至不经过一定的考察就直接任命了。

　　从管理学角度来看，通过业绩进行选拔有两点值得探讨。

　　第一，干部之所以是干部，是因为他是一个组织贡献者，而不是个人贡献者，是带着一群人去实现组织目标，而不是一个人单打独斗。如果只通过过往的业绩选拔干部，就会进入一个误区，即可能任用了一个个人贡献者，而不是一个组织贡献者。这两者之间的能力素质模型是完全不一样的。

　　第二，管理学里有一个原理，叫彼得原理，就是所有人都是在不胜任的岗位上工作的。因为一旦我们业绩突出，就会被提拔到一个新的岗位上，而新的岗位对胜任能力的要求与之前的岗位是不一样的，以前岗位的优秀经验可能并不是新岗位需要的。如果只凭业绩进行选拔，就会陷入彼得原理的陷阱。

　　海底捞对干部的选拔要进行民意测评，也是基于以上的原因。如果理解了上述分析，就会对民意测评有一个新的认识。

　　民意测评通俗地讲，主要考察干部是否赢得了民心，也就是说，是否具有影响力。一个人能否胜任干部，主要考察其领导力。而领导力由很多维度构成，其中一个重要的维度就是影响力，这里主要是指个人的人格魅力，而不是组织赋予的权利。

民意测评是评价影响力的一个重要工具。那么是不是民意测评分数越高越好呢？答案是不一定。主要有两个原因：首先，如果分数太高，那么有可能是这个人太强势，大家在评价的时候不敢说真话，担心被打击报复；其次，如果分数太高，容易形成一言堂，不利于团队有不同的声音，不利于暴露管理问题。

所以对于测评结果，应该重点关注低分的人和分数太高的人，因为这两类人都有可能存在问题。当然，对于分数太高的人需要进一步考察，也可能他确实非常优秀，获得了大家的一致认同。

在海底捞，对于民意测评的考察主要有以下几个维度。

（1）人品。

（2）做事公平、公正。

（3）关爱、尊重员工。

（4）带头作用。

（5）管理能力。

（6）沟通能力。

测评的具体方式包括现场测评和网络测评。

现场测评主要针对一线门店，要求全店所有工龄满3个月的员工或一级及一级以上员工都必须参与。

投票时，每张桌子只能坐1人；当众唱票且要有监票人；实习店经理转正时，同意票数必须达到当次投票人数的70%才可转正；不能有废票，涂改有效，都打了"√"或都没打"√"的记为弃权。

投票结束后选票封存，封存的选票由海底捞人力资源部进行保管，保管时限为1年。

对于职能部门，主要采用现场测评与网络测评相结合的方式。现场测评主要通过组织单人谈话的形式，人力资源部负责收集每个人对被测评人的意见和建议，测评结果采用匿名形式进行汇总，并反馈给被测评人。

网络测评部分会设定不同的评价维度，让日常与被测评人有交集的人员对被测评人进行测评，测评的形式同样是匿名。测评结束后，人力资源部门会对结果进行汇总整理，并反馈给被测评人，让其及时知道他人对自己的评价。同时，也会将结果反馈给被测评人上级，让其上级知道其他同事对该被测评人的评价，以方便在工作中对被测评人进行辅导。反馈的具体内容主要包含最终的测评结果统计，大家反馈的被测评人工作中存在的优点、不足，以及海底捞给出的改善建议。

没有通过测评的人，自然就不能被提拔任用了。

当然，民意测评并不是万能的，它不能解决关于干部任用方面的一切问题。但是，用这种形式至少可以保证一些不受员工支持的人不会被提拔到管理岗位，减少了海底捞在干部任命中的试错成本。

之所以对干部任用如此关注，是因为干部是企业的骨干，是二八法则中那 20% 的人，用好了这 20% 的人，组织的工作就会事半功倍。当然，能力越大，责任就越大，如果用错了人，产生的破坏力也会越大。磨刀不误砍柴工，在选人时要看了又看、试了又试、选了又选，千万不要着急。一个企业任用干部的水平，在某种程度上体现了这个企业的管理水平，自然也会在最终的经营结果上得到体现。

◉ 高级干部考评

对公司的高级干部如何考核，是很多公司面临的一个难题。对于业务类的高管，考核指标相对可以量化，但是对于非业务类的高管，考核就比较困难了。

海底捞对高级干部（总经理办公会成员）的考核有自己的独特之处，业务考核只是其中的一个维度，并且所占权重不高。海底捞会根据考核的得分情况进行排序，得出这些高管的绩效结果。

海底捞会根据当下的管理需要，采取命题作文的方式，在每个考核周期确定不同的考核维度。本节将对几年前海底捞某个考核周期的考核内容进行简单的介绍。

一、道德规范（污点卡）（40分）

考核项目主要包括如下方面：赌博，收受礼品、礼金，被请吃饭、请娱乐并参加，不信守承诺，见错不纠或不报。

道德规范中的考评项目（收受礼品、礼金，被请吃饭、请娱乐，提前报备批准的除外），发现任意项一次，扣20分，记录保留半年，在第6个月月底可向人力资源总监申请撤销。连续一年的污点卡积分排在最后一名者，做降职处理。

二、执行力（40分）

1. 日、周、月工作流程

考核点：日、周、月工作流程的完成情况。

相关要求：对每个高级干部随机抽查1项日、周、月工作流程的完成情况。

海底捞的每个干部都有自己的日、周、月工作流程，主要是根据岗位职责明确每个干部每日、每周、每月要例行完成的事项，以及一些弹性工作。

2. 会议流程执行情况

相关要求：各高级干部自行提报某月的部门例会纪要、海底捞集团的月度经营成果发布会会议纪要。

考核点：分析的要点是否全面，是否发现问题，是否有解决问题的方法，落实情况如何，员工是否知晓。

3. 会议视频录制情况

相关要求：抽取范围为某个时间段召开的会议，会议的组织人是部长及以上级别人员。

考核点：是否录制了视频；是否上传至平台；录制的画面是否清晰，声音是否清楚。根据每个点的完成情况打分。

三、七个不放过的执行情况（30分）

相关要求：各高级干部自行提报所辖部门某月的一个七个不放过分析案例。

考核点：根源是否找全、找准，对功过人员是否有相应的奖惩措施，每项根源是否有相应的解决措施并在长短期措施中体现，每项措施是否有相应的催办且落实在催办单中，催办落实情况如何。抽查结果分为 A、B、C 三档（A 为 30 分、B 为 20 分、C 为 10 分）。

四、流程制度（30分）

相关要求：各高级干部自报所辖部门有代表性、制定科学、执行较好的一个制度；对高级干部本人进行《海底捞会议管理办法》和七个不放过考试。

考核点：要求流程制度必须是部门内部相对重要、涉及范围比较广的制度，制度的科学性、可操作性，制度执行情况，对制度的掌握情况。根据每个点的完成情况打分。

五、员工激励（30分）

相关要求：至少抽取 3 个与员工切身利益相关的制度进行评估。

核点如下（以下为举例，根据每次的考核要求抽取 3 个制度进行评估，并根据每个点的完成情况打分）。

（1）员工发展：人员流失情况，对新员工、后备人员的关注，老员工的职业发展。

（2）晋升案例：《海底捞干部选拔晋升制度》，考察民意测评情况与员工所能看到升迁的希望。

（3）组织氛围：对高级干部所辖部门内部的组织氛围进行调研。

（4）亲情化：员工宿舍、救助基金的使用情况，对夫妻探亲制度的执行情况。

（5）福利：员工休假的落实情况。

六、学习创新（30分）

相关要求：本周期内高级干部本人的学习情况与分管部门的创新情况。

考核点：学习对象；创新落实情况。学习情况以提报学习总结的质量为依据，创新得分以董事会评定的分值为准。

七、业务（100分）

考核点：业务目标的达成情况，部门满意度。根据高级干部自己制订的目标计划的达成情况进行评价。

　　高级干部的最终得分，由以上维度的得分相加而得。每个考核周期内，每个维度的分值权重会有细微调整。通过以上内容我们会发现，海底捞对高级干部的考核主要包括7个方面：人品、执行力、七个不放过的执行情况、流程制度、员工激励、学习创新、业务。

　　海底捞对高级干部业务水平的考核是相对淡化的，因为对于高级干部来说，若只考核业务，就会有短期行为；如果同时考核多个维度，则可既兼顾长期行为，又有过程考核的保证，短期业绩也不会太差。事实也证明，这个方式是可取的。

◎ 信用管理

　　一个人在社会上立足需要信用，虽然我国目前的信用体系建设还不太完善，但是相信将来我国的信用体系会越来越完善。从某种程度上来说，企业就是一个小社会，在这个小社会里信用体系建设是必不可少的。干部作为员工群体中的骨干，更需要以身作则，其个人信用将影响个人领导力、企业文化、组织氛围等多个方面。对于干部的信用管理，海底捞也有一些规定。

　　在员工升迁、调动时，决策人可以查阅该员工的信用记录，以便对最终决策做出权衡。

一、负向信用记录

　　（1）撒谎：工作期间经过确认的各类撒谎、谎报行为。

　　（2）贪污：贪污钱财，侵占海底捞财产，虚报费用。

　　（3）受贿：收受客户及供应商的物品、钱财，为个人及家庭谋取不正当利益。

　　（4）违法：在工作中出现违法行为。

二、正向信用记录

　　（1）拾金不昧：捡到非个人物品时及时上交或归还失主等行为。

　　（2）清正廉洁：及时上交客户及供应商给予的物品、钱财等。

　　（3）其他信用优良的事件。

如何发现并处理信用事件呢？对于信用事件的发现，可以由工作中其他人举报，也可以由领导发现，还可以在工作监察中发现。不管是正向的还是负向的信用事件，一旦出现海底捞规定的信用记录情况，当事人上级应及时与当事人沟通，沟通确认后填写信用记录确认书并由当事人、当事人直接上级和间接上级确认签字。人力资源部会将相关情况进行归档留底，并在信息系统中进行记录。

三、信用管理的注意事项

为了保证信用管理的有序开展，避免矛盾与纠纷，店经理及其上级在确认事情经过时不得强迫员工签字。经理及其上级的职责是核实事情发生的经过，并如实进行记录。信用管理的基本作用仅仅是对员工的信用相关行为进行记录，并不担负奖惩职责。如果需要对员工进行奖惩，则按照海底捞的其他制度执行。员工升迁和调动时，经理及以上级别的决策上级必须查阅该员工的信用记录并做出书面评估，具体的评估标准由各业务部门或决策上级来决定。

员工的信用记录就和银行的个人征信一样，本身并不具有约束力（奖罚），只是为海底捞的相关人事决策提供一个参考。在企业文化建设中起到正向引导的作用，让大家积极关注正向记录。在干部选用方面，干部人选的信用记录也是其个人人品的一个体现，是人品考察的一个重要窗口。海底捞的态度是"人品问题零容忍"。

◉ 末位淘汰

海底捞虽然重视员工成长，关心每个员工的职业发展，但是这并不意味着员工到了某个管理岗位就可以高枕无忧了。海底捞会通过严格的考评，对那些不能提供与职位相匹配贡献的人进行末位淘汰。当然，这个淘汰也不是要把末位的人开除，而是要对末位的人进行培训辅导或者为其换一个适合的岗位。

末位淘汰的目的主要是促进员工的工作提升，充分调动员工的主动性与积极性，形成员工能上能下的良性循环。在总体原则上，末位淘汰坚持公平、公开、公正；动态考核，坚持培养与考核相结合；鼓励员工力争上游，公平竞争；尊重员工感受与意愿。

根据级别不同，淘汰考核周期分为半年、一年两种。淘汰考核周期是指以多长时间的考核结果作为标准确定淘汰人员，并不是指多长时间进行一次淘汰。

在淘汰比例方面，海底捞除了对干部有要求外，对全员也有整体的年度要求，强制淘汰比例为5%。对管理干部采用年度目标责任考核，对其他人员以各部门为单位按比例实施，且必须执行以下硬性规定。

（1）部门总人数少于20人的，年度最少淘汰1人。

（2）部门内同一层级（指经理、主管、组长、专员等层级，不一定为相同岗位）的总人数达到10人的，此层级年度最少淘汰1人。

（3）部门内经理与主管的人数之和达到15人的，年度最少淘汰 1 人。

在具体操作时，并不是考核结果不合格就直接淘汰，而是以 3 个月为一个拟淘汰周期，确定拟淘汰人员名单，并与本人沟通，使其知晓自己已进入考察期。每个拟淘汰周期结束后，部门负责人将本周期确定的拟淘汰人员与上一个周期确定的人员进行对比，对相对最差的人员进行淘汰。

每个拟淘汰周期不做强制淘汰要求，但年度必须达到规定的淘汰比例。部门人数较多的，要考虑将淘汰名额合理分配到每个拟淘汰周期，以降低淘汰压力；人员较少的部门可选择合适的拟淘汰周期进行淘汰，只要达到年度规定即可。

以绩效考核结果为淘汰的核心指标，适当加上部门自定义指标。各部门根据拟淘汰周期制定本部门的淘汰考核指标并进行公示，部门自定义指标可参考如下几项：执行力、创新、工作态度及责任心评价等。如果绩效考核结果不能确定拟淘汰人员，则再通过第二、第三评判指标确定。

具体淘汰形式如下。

（1）降级：如经理降级为主管，主管降级为专员等。

（2）调岗：对于被列入末位淘汰的人员，可根据其个人的实际能力将其调岗到其可以胜任的岗位，调岗 1 个月后，须按其个人工作计划完成情况再次评估其是否胜任新岗位。

（3）培训：对被列入末位淘汰的人员进行在岗或脱岗培训，培训考核合格后允许其再上岗。

如果当事人对淘汰结果有异议，则可以向海底捞提出申诉，由人力资源部负责对员工的疑问进行解答；负责对员工申诉（投诉）中涉及部门公平、公正、公开等问题进行落实，并给予合理解释；负责对员工的正当利益进行保障；确实因考核失衡而造成结果有误的，撤销本次淘汰记录。

末位淘汰是激发组织活力的一个重要工具。对于提倡员工满意度、员工以内部培养为主的公司，只要管理不好，就会慢慢地形成"企业病"，即员工没有危机感，会躺在功劳簿上得过且过。通过实行末位淘汰这种压力制度，每个员工都会居安思危，努力贡献自己的价值。只有这样，员工才有战斗力，组织才有活力。

CHAPTER
10

第十章
文化月刊

　　文化月刊作为传承海底捞企业文化、反映员工心声、传递正能量的平台，也经常会出现一些批评的声音。这体现了海底捞的自信和敢于暴露问题的勇气。月刊是一个很好的三方监督机构，通过媒体曝光可以督促企业解决问题，实现企业机体的自我修复和进化。

◉ **文化信使**

　　《海底捞文化月刊》是海底捞企业传承的一个重要载体，每月定期发行，主要体现海底捞员工的生活，包括正、反面案例。其中，对于反面案例，要求相关部门在下期月刊中进行回复。各门店经理及职能部门负责人在收到月刊一周内，需要组织员工进行学习和分析。

　　（1）要关注月刊中聚焦类等重点文章。

　　（2）对于正面的案例要学习借鉴，并思考本店、本部门是否在延续。

　　（3）对于反面的案例须排查本店、本部门是否有类似现象，并思考如何改进和避免。

　　（4）被报道的当事门店、部门，须对月刊内容进行回复。如果对报道的内容持有异议，则可通过撰写文章刊登在月刊上进行申诉。

　　月刊上经常会出现一些批评的声音，这些声音的出现，体现了海底捞的自信和敢于暴露问题、直面问题的勇气。

　　下面摘取月刊编辑部给各位读者的公开信中的一部分，大家可以细细地品味一下。

尊敬的各位读者：

　　《海底捞文化月刊》从2003年的一张报纸发展到现在，已经有10年的时间了。其间，虽然编辑部这个小团队的成员不停地变换，可我们办刊的宗旨从未改变过。

　　……

　　曾有员工问，什么样的文章才是我们喜欢的，也有投稿人在提交的稿件中写到"希望采纳，给点稿费以补家用"。对于员工提出的问题，我们只能说，只要是客观的内容，每个人的稿件都有被刊登的可能性。因为我们关注的是稿件本身的价值，其他都不是重点。当然，对于员工提出的问题，当事部门、门店也可以进行申辩，我们会原文刊登，但请不要苛责员工。

　　不久前听到一个笑话，某店的一名员工问其他员工："月刊上那个佚名到底是什么人？怎么中了那么多稿？"没错，月刊上佚名的稿件是越来越多了，这一点值得我们深思，却也给我们带来了小小的欣喜。佚名的人多了，也就说明敢向月刊反映问题的人多了。当然，将部分稿件佚名，也是我们保护作者的一种方式。其实，每一位为月刊投过稿的人都是兼职的记者，我们的目的是一致的。因此，我们相信也坚信，那些被过滤掉的稿件中存在的问题，将会有更多的人用不同的方式和途径反映出来。

　　在很多方面，我们不是一个专业的团队，有着很多的不足之处。当然，我们也真诚地希望大家给我们提出更多的意见和建议。在此，感谢月刊的每一位读者和作者，因为有你们的支持、信任和监督，才有《海底捞文化月刊》的今天。

　　企业为什么要做企业文化，因为企业文化是企业信奉并附诸实践的价值理念，就像空气一样看不见、摸不着，但我们时刻都能感受到。

　　企业文化传递的是什么？是公司的核心理念与价值判断，是对一些问题的明确表态，并阐明自己的立场，表明公司赞成什么、反对什么。

　　海底捞的企业文化旗帜鲜明，就是"双手改变命运"。《海底捞文化月刊》就是传递这个文化的载体。海底捞通过暴露问题，传递正能量，创建公平、公正的舆论环境，让海底捞全体员工相信"双手改变命运"一定能成为现实。从这个角度来看，《海底捞文化月刊》就是海底捞的文化信使。

新年里的心里话

文/月刊主编 郑操犁

又到岁末年初之际，按照惯例，又是总结与展望之时。

过去的一年（2013 年），公司经营上取得了骄人的战绩，销售额增长幅度超过 30%，开店城市达到 24 个，国内外总店数达到 91 家，无一不是辉煌的数据。

面对可喜的数据，喜悦之外，我们又在想：什么是公司辉煌的标志？什么是公司品牌的价值？

说到巴黎，人们会认为埃菲尔铁塔是它的标志；说到伦敦，人们会说大本钟；说到台北，人们会说 101 大厦；说到北京，有人说鸟巢，有人说"大裤衩"；说到上海，有人说东方明珠，有人说金茂大厦……当纽约世贸大厦双子大楼轰然倒塌时，我们突然悟道：其实物化的标志是有寿命的，是易被摧毁的。同样，再漂亮的经营数据也容易被代替和被超越。

真正屹立不倒的是一个民族的精神，是一个组织的文化和核心价值观。

真正值得我们骄傲的，是对核心价值的弘扬和对文化的传承。

"双手改变命运""公平、公正"是海底捞价值的核心所在，它的传承和弘扬是公司发展的真正标志。

让我们站在文化传承的角度回顾过去的一年。

"双手改变命运"是张大哥对人类价值观最质朴的解读，也是对中国国情下国人的内心渴望最深刻的洞察。

如果说过去十年，"双手改变命运"是一个缓慢渐进的过程，那过去的一年，就是"双手改变命运"进入"高铁"时代的一年。公司运用了许多刚性的分配制度，对"多劳多得""多能多得""优劳优得"从机制上予以保障，让基层普通员工中逾三成人的人均工资突破4000元。我们相信，这个比例、这个数据还会被不断刷新。

家属参与神秘嘉宾兼职绩效考核工作，家属参与物流配送运输，从改变一个人的命运到改变一个家庭的命运，乃至一个家族的命运，我们一直在努力。

当"双手改变命运"成为大多数人自身的幸福体验时，它才会真正被接受，并被坚信不疑。

"公平、公正"是海底捞核心价值观的又一基石。

如果说"双手改变命运"反映的是当下员工的物质诉求，那么"公平、公正"体现的就是员工的精神诉求。

一个国家靠宪法和法律来维持公平、公正；

一个社会、一个市场靠契约维系关系和利益来体现公平；

一个公司靠制度来实现公平。

两年前，当张大哥的四句话"制度化管理、流程化操作、数据化考核、跟踪式监督"提出之时，我们就已体会到，这不只是公司做大做强的管理原则，四句话之首的"制度化管理"更是"公平、公正"的保障。

"公平、公正"的实现，不应该靠个人素质、靠偶然、靠人治。如果说过去"公平、公正"是靠软性的文化氛围来体现的，那么"制度化管理"就是让我们进入"公平、公正"的法治时代。

特别欣喜的是，在今年（2013年）十一月的总经理办公会会议纪要中，我们看到这样的表述："在执行制度时，发现制度不完善，必须先执行后修改。"强调了制度的刚性和对制度的敬畏，降低了人治的风险。

要实现"公平、公正"，除了制度外，还有一个武器我们不能丢，那就是"民主"。民主的体现形式是批评，通俗的说法，就是"提意见"。

过去的一年，公司发展形势一片大好，但就算处于"大唐盛世"，也需要盛世危言。因为全民和全员的忧患意识是一个民族、一个组织长盛不衰的所在。"批评"就是忧患意识的体现，善意的"批评"就是对组织最好的建设。

我们的月刊和绝大多数企业的月刊不同，我们的月刊上面有许多批评的声音，这并不代表公司的问题多，反而体现了公司的自信和实现"公平、公正"的真正决心。月刊的存在，让我们看到了"公平、公正"的希望。

进入新年，我们的公司将迎来二十周岁，进入青少年的时代。未来的二十年、一百年，我们靠什么去支撑公司的发展？"海底捞"的品牌价值靠什么去体现？我们依然坚信，唯一的答案就是海底捞的文化和核心价值观。

大家都说阿米巴

"又到月底了！"身边的同事一脸的苦闷，"哎，又要算阿米巴！"尽管还没到月底，但在办公室经常会听到这样的声音。有时我也会这样安慰自己：就当它是一剂良药吧，苦就苦点。所以在这个不眠之夜，我决定写阿米巴，希望与大家共勉。

一、阿米巴有什么用？

自从海底捞推行阿米巴以来，每个月的月底和月初就成了一场忙乱的战斗，从下到上的数据分析，再加上考勤统计、绩效考核、工作总结，这个时间段职能部门的中层干部会手忙脚乱，专业工作也只能抽空做，甚至加班做了！大家都忙的是阿米巴，更痛苦的是还不知道阿米巴有什么用？

我是其中的一员，最开始我觉得"阿米巴"很新鲜，既然是全球500强企业的成功经验，那么肯定值得学习。后来虽然参加了培训，实际参与了工作，可是总感觉在皮毛层面，出现了越来越多的问题，对于阿米巴，我感到迷惘。问同事，不知道，先这么算着吧；问领导，不知道，公司没有统一的规定，先自己研究吧。但是现在，虽然还有很多困惑、很多疑问，我却慢慢觉得阿米巴"有用"了。

从粗放到精细，我知道自己和下属都干什么了！

以前我们评价自己和下属，就用PBC（个人绩效承诺）。但是PBC指标很少，人力资源管理部说PBC就是核心工作指标，最多不能超过8个，但是经常有人抱怨："其他工作也有价值，怎么不评价？"

推行阿米巴后，尤其是张大哥明确提出让我们回答"干了多少活路"（"活路"是四川方言，是"活儿"的意思）时，我们通过工作记录就发现了很多问题。每个月实际工作了多少个小时？每个具体工作花了多少时间？应该花这些时间吗？产生了多少价值？这些价值是与你的岗位和薪水匹配的吗？

带着这些问题，我们会发现周边千奇百怪的现象。比如，按轮休制理论工作时间达 160 多个小时的情况下，有的员工记录的有效工作时间不到 100 个小时，但也有的员工记录的有效工作时间超过了 200 个小时。又如，某个主管写一个简单的工作报告要花四五个小时，不是主管的工作效率低，就是主管工作很轻松，需要虚报小时数来凑工作时间。再如，某财务人员为员工报账，按照小时数和人力成本来算，要产生 50 元的价值，但是一个付款申请的工作是否真的值这么多钱呢？因为如果是出纳报账，也就产生了 15 元的价值。主管干了专员的活儿，却要计算比正常价值高的收入，这显然不合理。

● 这些现象帮助我们了解自己和其他员工的工作情况，用数据证实了"有人忙死，有人闲死""工作不专业，干活儿很费劲""上级抢下级的活儿干"这些现象确实存在。而且，数据是真实的、客观的，不以领导的好恶为转移，可以帮助领导了解员工的真实状况，有助于领导公平、公正地评定员工绩效。并且根据数据反映出来的"专业能力不足""工作量不够""工作安排不合理"等问题，领导能对个人进行针对性帮助。

从 PBC 的大指标、领导的大致印象，到一笔一条的数据、个人价值的数字体现，从粗放到精细的管理就是这样一步一步实现的。

不过，虽然发现阿米巴有不少好处，可是又不得不承认，月底和月初计算阿米巴是个令人头疼的事情。比如，什么情况下按价值计算，什么情况下按工作量来计算价值？什么情况下按成本计价，什么情况下又要考虑专业、经验甚至人脉的价值，这些价值又该怎么计价？又如，中层人员承担的日常管理工作，与员工沟通等，这些价值怎么计算呢？又该向谁收取呢？

问题层出不穷，大家都处在摸索着尝试解决的过程中。不过考虑到阿米巴带来的好处，现在的痛苦说不定就是为了看见风雨过后的彩虹，只要走在正确的道路上，总会有顺利实现的那一天。

二、谁来帮帮我们？

实行阿米巴，事实上是公司"数据化考核"的重要一环。稻盛和夫先生用阿米巴培养了两个世界五百强企业，为什么在海底捞实行阿米巴却导致怨声载道？月底计算阿米巴时颇有民不聊生之感！

要求实行阿米巴后，海底捞大学组织职能部门进行了阿米巴培训课程，组织员工学习了稻盛和夫先生的《阿米巴经营》。学习的方式就是把书中的重点逐一摘抄，然后逐一解释。照理来说，这样的学习方式似乎没什么问题，但是如果仅止于此，似乎问题就大了。

稻盛和夫倾尽一生心血研究和实践阿米巴，所有的心得浓缩成《阿米巴经营》一书，其管理经验也上升到了哲学的范畴。对于还处在入门阶段的初学者而言，通过一两次培训或许能知道稻盛先生讲究"敬天爱人"，但是没人教我们将"敬天爱人"怎么转化成每月要计算的数据，怎么转化成可操作、可衡量的评价标准；没有人教我们如何将哲学实际用起来，该怎么练习基本功。

海底捞刚开始推行阿米巴时，大家都感觉非常困难，那时候的交流也是最多的。各部门相互借鉴学习方案，然后结合自己部门的特点起草方案，一时间真是百花齐放、百家争鸣。

但是一两个月后，各部门阿米巴核算数据、方法、公式、计算单位还是五花八门，没有人来统一方案、统一思想。虽然部门内部的核算有助于帮助部门发现内部的管理问题，评价内部员工的表现，可是也应该有人来告诉大家，部门自己制定的方案是不是科学的、是不是有效的，公司整体的方案应该怎么要求。

　　很遗憾，没有。海底捞要求实行阿米巴后，虽然组织各高层到京瓷进行了学习，但是员工没有得到来自高层的明确指导和要求。从最开始响应公司的号召，相信数据的作用，各显神通，到后来闭门造车，想怎么做就怎么做，想怎么说就怎么说，毫无章法。关于阿米巴，众说纷纭，但是其操作之繁杂、混乱已经成了基层员工眼中的累赘，是每个月月底"生命不能承受之重"。

　　其实，全局的工作只要做一点点就能看到明显的效果。例如，管理平台的出现就解决了部门之间讨价还价的技术问题。但是，大家还需要更多的解决方法。

　　三、人员成长和服务质量是关键

　　在对阿米巴如盲人摸象一般莫衷一是的时候，回过头来看看过去，再转过头去看看未来，阿米巴的初衷和方向或许会更清晰一些。

　　最初，海底捞的后勤职能体系是完全杂乱无章的。由于海底捞是以一线门店经营起家的，对后台的支持体系的建设大多是在摸索阶段。该用什么样的人，该有什么样的要求和标准，该达到什么样的水平，没有人清楚。因此，有事就招人，人不行就换，然后再招人。体系越来越庞大、臃肿，甚至超越了一线的发展速度。举个简单的例子，为门店服务的职能部门有十几家，每个部门都可以在片区甚至在门店设点。门店增加，职能部门的人员就增加。这也就意味着，理论上职能部门人员的增长速度将是门店增长速度的十余倍。这是个什么概念，不言自明。

　　因此，实行阿米巴的初衷，就是让职能部门也有经营的概念。既然有经营，就要有客户的概念，就要有服务的概念，就要有成本和收入的概念。以前那种想加人就加人，不合适就换的粗放型工作方式必须要变。每个员工都是资本，要投入精力关注其培养情况，以帮助其获得更高的价值。每个门店都是客户，要为他们提供最好的服务，这样才有人为部门的运作买单。

　　这个转型的过程肯定是痛苦和艰难的。以前，常看到职能部门的人出去办事不计成本，口头禅就是"哎呀，公司有钱"。大笔一挥，然后到门店报账。实行阿米巴后就不行了，对于职能部门的费用，门店不一定照单全收了。价格公道吗？质量满意吗？这些都要用数据来说话，不算清楚，顾客不掏钱，一切都白费。

海底捞的核心竞争力，一直就是人和服务。阿米巴关注的重点，也就是人员成长与服务质量。按照张大哥提出的"轻管控，重服务"的原则，只有培养人才，提高专业水平和工作效率，致力于为顾客提供"高质量但低价甚至免费的服务"，职能部门才有机会、有能力为海底捞未来的发展贡献力量。

"不积跬步，无以至千里"。记住初衷，把握住方向，核算表上的每个数字，都将是海底捞和全体员工成长的基石。

阿米巴作为海底捞由集权制走向联邦制的一个过渡，其开展初期确实存在各种各样的问题。但正是这些问题的暴露，为公司管理的进一步提升提供了契机，也为今后各个阿米巴独立成公司奠定了基础。

◉ 变革下的海底捞人

　　什么样的人才算是海底捞人？海底捞现在也是一家拥有几万名员工的大企业了，员工确实不少，但是又有多少是真正意义上的"海底捞人"呢？

　　我想，所谓的"海底捞人"就是把海底捞的工作当成自己的工作，把海底捞当成自己的家的人。当你把海底捞的工作当成自己的工作时，你肯定会让工作中每一分钟的效率达到最高，注重顾客的每一个细节，创造优秀案例，想尽一切办法让每一个顾客都能满意而归，好让他成为回头客，让他带更多的顾客来海底捞消费；当你把海底捞当成自己的家时，你会爱护家里的每一个成员，他们不开心的时候，你会想尽一切办法逗他们开心，你会维护每一个设施设备，降低一切能降低的损耗。

　　曾经有这样一个同事，他是海底捞的一名电工，他没有确切的上下班时间，因为他是一个电话就来上班的人。不是公司要求他必须这么做的，而是他认为这是他的责任。他是店里脾气最好的一个人，很少能看到他发火，他也是店里最乐于助人的人，同事有求于他，只要有时间，他绝不推脱。他会随手关掉不需要的灯、空调，会不厌其烦地告诉每个新员工如何正确使用设施设备，延长其使用寿命。他或许就是真正意义上的"海底捞人"。

　　我相信海底捞之所以发展得这么快，正是因为有很多这样的员工，公司才有资本在后期这样快速地扩张。门店经理级的员工绝大多数都有 5 年以上的工龄，他们之所以能成功，是因为他们把海底捞当成自己的企业、自己的家去经营。

海底捞之所以会这么成功，最重要的因素之一是公司注重员工的成长。因为海底捞以服务著称，服务的执行者是员工，不是领班、不是店经理。而店经理、领班所要做的工作就是服务好手底下这些兄弟姐妹。公司实行亲情化管理，员工把顾客当成自己的亲朋好友、衣食父母来服务，把顾客的每件小事都当成自己的大事来完成。而管理层为员工服务，把员工的每件小事都当成大事来完成。在这样的企业文化下，海底捞不成功都说不过去。但是，随着海底捞的快速发展，管理人才、优秀员工和企业文化被急剧稀释，加上海底捞制度的不断变革，实施制度化管理、流程化操作、数据化考核、跟踪式监督。面对这一系列的变化，很多人已经明显跟不上海底捞的节奏了。

我刚进海底捞的时候，正赶上海底捞实行效率工资。实行效率工资后，听说大家的工资都比以前高了很多。店里所有的员工都很满意，因为他们熬出头了，他们得到了应有的回报。大家都很开心，也都很满足。没过多久，公司又开始实行5S管理。当我看完5S管理的相关视频后，我被海底捞的管理折服了。门店各小组也都开始行动起来，开展5S培训，希望伙伴们能理解5S管理的精髓。记得给大家讲得最多的例子就是空调的遥控器。大家一定要养成一个良好的习惯，遥控器都有名有家，我们要改掉随手乱放的习惯，不管是谁，用完遥控器一定要放回原位。如果是其他组的，我们也要归还给他们，这样可以避免大家在高峰期不能第一时间找到需要的东西。在方便自己的同时，我们也要懂得方便他人。但是，这是一个非常艰难的过程。因为一下子让大家改掉自己的行为习惯是很困难的，但只要大家共同努力，工作就一定会做得越来越好。门店有很多创新，如库房的管理、工作柜的规划，都在很大程度上提高了员工工作的便捷性，让大家看到了5S管理带来的好处。

紧接着公司又推行五色卡管理。五色卡制度的意义在于，通过激励提高大家的责任意识，将所有工作都责任到人。结合5S管理，门店的所有设备设施、流程制度都有责任人。对做得好的员工给予奖励，对于那些不思进取的员工，要予以淘汰。这样一来，海底捞的员工会不断提高自己的思想高度来适应这个环境，提高自己的责任意识，把自己的思想都定位为一名"海底捞人"的思想。但是，在实行五色卡制度初期，有很多员工不能理解五色卡的真正意义，这其中也包括管理层的不少人员。大家要努力给制度一个机会，给自己一个机会，风雨之后才会有彩虹。

以上就是我入职一年多以来公司实行的几个大的改革。如果公司所有员工都能以积极的态度不断适应公司的变革（包括管理层），不断提高自己，而不是面对每次改革都报以应付差事的态度去工作，我相信海底捞永远会是那个"一直被模仿但从未被超越的"企业。但事与愿违，变革的过程进行得很缓慢、很吃力。面对5S、五色卡的变革，不少同事表现出了不理解、不适应，再加上绩效小组的检查、考核，公司一些制度的执行都变得形式化了。

对于管理者，一定要相信你的员工，鼓励你的员工，批评只能起到反作用。"用人不疑，疑人不用"，你觉得他不合适，直接辞退就好了，别让他不上不下的，结果大家都难受。每一个人都应该认真学习一下张大哥的视频——海底捞精神，然后问问自己是不是一个合格的"海底捞人"，有没有给过公司制度一个适应的过程，有没有给过你的员工一个成长的过程。

海底捞的设备越来越先进了，制度越来越规范了，流程越来越完善了，但是个别员工的思想却倒退了。按制度执行，按流程操作，其目的还是保证顾客满意度，让门店生意越来越好；保证员工满意度，让大家开心、快乐地工作。

如果每一位伙伴都能把海底捞当成自己的企业来经营，努力创造更多的收入，我相信五年、十年后，大家的工资、福利等各项指标都能再上一个台阶。但前提条件是，大家要不断提高自己，让自己不断成长。

随着海底捞的不断变革，每个人都要不断地调整自己，以适应海底捞的变革，这样才能成为一个合格的"海底捞人"。所有付出，终将得到回报！

时间都去哪儿了

文 / 总经理　杨小丽

"门前老树长新芽，院里枯木又开花……时间都去哪儿了……"2014年春节，听着这首歌，想起海底捞公司成立20年来的岁月。20年，真长，过得也真快，20个春夏秋冬还历历在目。太多的感慨，太多的泪水，太多的欢笑，不知从何说起。想着想着，泪水已经模糊了双眼。

时间都去哪儿了？20年的时间，海底捞门店从1家店拓展到100家店；员工从几十人到上万人；伙伴们的月薪从不足200元涨到了数千元；一起入职的很多老同事，当年还是青涩的少男少女，今天在工作中已经成长为可独当一面的骨干，在生活中已经成为父母的依靠、孩子的榜样。

我们很骄傲。当孩子们不再因为交不起学费而辍学，甚至经过努力考上了大学；当得了重病的家人因为有了救助基金而看到希望；当父母在家乡过上体面的生活……这一切让我们能挺直腰杆大声说："我是海底捞的一员！"这里有可以信赖的朋友，这里是可以用双手改变命运的舞台。

说到改变命运，我很庆幸，当自己没有出生在富足的家庭，又失去了接受良好教育的机会后，我能把握住工作这一机会。我要由衷地感谢张大哥和海底捞这个平台，在我人生最美好的20年，将我从一个年少无知的服务员，培养成海底捞这个大家庭的大管家，我承担着公司和家庭的责任。

这就是我的20年，伙伴们，你的呢？有没有想过，再过5年、10年、20年，你将如何承担自己的责任？是否有足够的能力成为父母的依靠，成为孩子的榜样，让孩子受到良好的教育，让家人过上幸福的生活？

在与公司一同成长的历程中，我感到发展的每一步都来之不易。在看起来良好的发展形势背后，存在着许多让人担忧的地方：来自外部的同行竞争，来自内部流程制度的合理性和执行力度……这些问题困扰着我。

从外部来看，餐饮行业的竞争日益加剧。我相信，很多同事都已觉察到，在我们工作和生活的门前门后，渐渐出现了很多优秀的同行。他们的菜品、环境、服务或者管理方面，不乏值得我们借鉴的地方，甚至已经在某一方面远远地超越了我们。哪怕是一次疏忽大意和骄傲自满，都有可能使公司走向衰落。

从内部来看，我认真分析过月刊报道的问题及出现员工呼叫中心收集的意见，这些投诉基本都是属实的。导致这些投诉出现的原因，归结起来不外乎我们日常管理中存在的这几类问题：缺少流程制度，有流程制度但是不合适，有合理的流程制度但是没有执行到位。我有时候会怀念十几年前的时光，那时候我们虽然没有太多的流程制度，但是上级能准确地考评下属，也能有效地培养下属。时过境迁，海底捞已经不是简阳县城的一家火锅店了，它已经拥有了上万名员工，我们必须要建立系统的流程制度来保证每一项工作的质量，保证公司一直倡导的公平、公正。

如果没有建立制度和流程，那么蛋炒饭的味道会千奇百怪，电炒锅因不装温控器而导致失火，店经理因为经验不足而导致人员安排不合理……这样的现象就会越来越多。我相信大多数同事并不反对流程制度的存在，不过，流程制度也会带来一些烦恼。例如，一个在小吃房工作激情很高、协作性很好的员工，由于在炒蛋炒饭时没有按照操作流程加盐，导致当月级别下降。看到这样的案例，我有时也会心软，也会怀疑制度：是不是太严格了？这样考评是不是不合理？但是，有一点我是确定的：如果没有这些流程制度，那么新员工也要像前辈一样经历无数次的失败后才能提高业务技能。如果将过去的宝贵经验进行凝练，形成合理的流程制度，就能帮助新伙伴更快地适应岗位，加快伙伴们用双手改变命运的进程。

　　应该怎样设计完全合理的制度？怎样让制度100%地被执行而不走样？怎样将因制度频繁变化而带来的损失降到最低？面对问题，我也会对自己的能力产生怀疑——我到底能不能承担起推动海底捞前进的责任？当我产生这样的怀疑时，张大哥提出了"制度修改的权利下倾"，五色卡考评、5S、效率工资、信息化项目等制度，都等待着大家一起完善。

　　我始终相信：当问题发生时，抱怨、等待、猜测都无济于事，自己开动脑筋找对策才是最积极的做法！这些问题，你的经验就已经足以解决它们但是，你可能会苦于总结能力不足或者不知道反映渠道。这时，你可以给我的助理打电话，你们的每一条意见都会到达我这里，由我亲自安排人员去处理。

　　时光流转，岁月变迁。公司发展的每一步都会有这样那样的问题。但我始终铭记：我会尽全力带领大家，照着企业稳定发展，员工快乐工作、幸福生活的方向去奋斗。希望在下一个20年的路口，我们能够为海底捞的发展感到骄傲；能够和自己爱的人一起欣然回首，细数这一路上幸福的点点滴滴。

　　最后，祝愿所有的海底捞人幸福、平安、快乐！

CHAPTER
11

第十一章

最可爱的人

华为创始人任正非曾说，资源是会枯竭的，唯有文化才能生生不息。那么在海底捞，又是什么样的文化 / 制度，让优秀案例层出不穷，生生不息，并且成就了一批可爱的人呢？

破茧成蝶

　　海底捞有这样一位员工，他是颐海销售部区域主管中唯一一位第一份工作就在海底捞的人。他单枪匹马组建了华中销售部，用三年时间把华中区定型包装销售做到了3000万元。这个人就是唐超，一个刚满22岁的小伙。

　　我的师傅党姐说，在她和杜壮（颐海副总经理）出差去现场走访，与西安销售团队一起聚餐的过程中，唐超这个略显成熟的小伙，给在场的所有人讲述了他在海底捞用双手改变命运的过程。

　　唐超初来公司时，正是家里遭遇重大变故的时候。家里的爆竹厂着火了，烧掉了所有的财产，作为家里主要劳动力之一的妈妈全身80%烧伤。妈妈对爸爸说："别救我了，还有三个孩子，你好好把他们带大！"

　　爸爸说："不行，砸锅卖铁我也要救，起码三个孩子进屋叫声'妈'还有人答应！"听着这些，党姐的眼泪已经忍不住了。现场的很多人也是，包括唐超自己。

　　唐超家里的房子是下雨天要接若干个盆的那种，因为漏雨。生活已经艰难到这种程度，还欠了很多外债。

　　就是在这种情况下，唐超带了300元钱来到了北京。钱是被爸爸缝在被子里的，因为怕丢。

　　初来北京时，19岁的唐超不会坐电梯，不知道怎么按楼层。当时销售部的办公室在牡丹园3层，他随着去8层的人一起上到了8层，再走下来到了3层。

　　公司提供员工餐，唐超每天早上吃完早饭，用矿泉水瓶接一瓶水，这就是他全天的饮食了，直到晚上跑店回来再在公司吃晚饭……

　　在华中区市场开拓势如破竹的过程中，唐超有了可观的收入和成就。妈妈的烧伤经过两次手术后，有了很大的好转；唐超花了十几万元为家里建了新房，安装了太阳能热水器，终于实现了妈妈想下地回来可以洗个热水澡的愿望。如今唐超已经开始攒钱为自己买房，筹备自己的小家了！他的女朋友也在海底捞工作，他们相互鼓励着、激励着前行。

　　唐超，这个20岁出头的小伙，让人心生无限感慨。感慨于海底捞为朴实、奋斗的人提供了公平、公正的工作环境，用双手改变命运真的可以变为现实；感慨于人性的光辉在真实的社会、生活中的呈现；感慨于顽强、坚韧和自立自强的年轻人的成长。我们有责任、有义务去传承海底捞的文化，让更多的人有机会在这里成长，只要肯努力、肯付出，就会为梦想插上翅膀！

不幸爆胎摸黑瞎，巧补轮胎送回家

文/故事主人翁

　　事情发生在 3 月 4 日的晚上。我在外面坚守着自己的"阵地"，风呼呼地刮着，刮在脸上让人感到有一点寒冷。

　　正当我到里面帮客人开发票时，我们店的文员张秋霞突然跑过来问了我一句："你会修车吗？"

　　当时我就蒙了，"我不会修车啊！"而且还跟她开了一句玩笑，"我会修坦克。"看张姐特别着急，我就问发生什么事了。

　　张姐说："在我们这儿吃饭的一个客人的车胎不小心爆了，他特别着急，还要开车回阜成门呢。"

　　我当时也着急了，马上出去询问客人带备胎了没有，工具带齐了没有。

　　"带了。"客人说道。

　　其实当时我也是硬着头皮，拿出工具就开始干。我怕给客人弄不好，就冲对讲机喊道："朱兵涛、李鹏博收到没有，你们会修车吗？客人的车胎爆了，需要帮助。"

　　两位同事听到后迅速赶了过来，于是我们三个人便开始了修车行动。紧螺丝，转车轮……捣鼓来捣鼓去，差不多半个小时过去了，车轮总算装上了。怕出意外，我还让客人发动车，看看轮胎装好了没有，我则跟在车后面跑了两圈。发现车胎确实换好了我才放下了心里的"石头"，仰天长叹，终于好了。

　　顾客下车紧攥着我的手一直表示感谢："兄弟，真不知道说什么好啊，你这是帮了我大忙啊。虽然你不是专业的修理师傅，不能快速更换车胎，保证车胎牢固，但我知道你每拧一个螺丝，都使出了全身力气，生怕螺丝松动。这才是我心里的安全车胎，也只有你们海底捞的员工能这样做，非常感谢。今天时间紧，下次来一定要找你们喝几杯，以表达我的谢意。"

一时之间我也不知道说什么好，但我能感受到顾客紧握我双手时传递给我的力量。这不仅仅是力量的传递，更多的是给了我一针"强心剂"，让我在工作中更有信心和动力。

我们不仅要让顾客在就餐时感受到我们的贴心服务，还要让顾客感觉到我们的服务是无处不在的，这才是我们海底捞的战略目标：保证顾客满意度，达到品牌建设的目标。

夫妻拌嘴吵翻天，破镜重圆一招鲜

文 / 故事主人翁

今天是妇女节，为了庆祝一年一度的美丽女人节，店里实行了多种方案为女士们送祝福。说来也巧，我负责的几桌顾客都有女士，她们在席间格外开朗，相聊甚欢，就像今天是她们的自由日一样。

在服务中，我发现 57 号桌的客人异常沉默，而且他们点的是鸳鸯形的三鲜锅。对于个性化的顾客，我服务时会格外留意。席间两位顾客几乎不语，很少交流，看到他们用餐的气氛有些沉重，我也不便多打扰。

不一会儿，57 号桌的女士离席去洗手间，我小心翼翼地走上前与那位先生聊天。或许是出于信任，先生告诉我，前几天在家他和太太拌嘴了，现在双方正还处于冷战阶段，这几天他慢慢意识到当时是自己一时冲动，说话伤到了太太，打算找个机会向太太赔礼道歉、请求原谅。刚好今天是妇女节，他想趁此良机向太太赔罪，赔罪的戒指都买好了，只是不知道如何说出口，所以刚才双方都默默不语。

听完先生的话，我心里颇为触动，一来为先生对我的信任而感动，二来替先生未能打破僵局而着急。我不断地问自己，我能做些什么呢？情急之中，我突然想到先生的苹果手机有设置个性语音铃声的功能，就大胆地向先生讲明我的想法：先生可以把想对太太说的话提前录音，然后设置成手机铃声，等到时机成熟时，我拨打先生的手机号码，就可以播放录音。

意外的是，先生很爽快地回答我："可以，我们试试。

只要能让我太太不生气，我们可以和好，让我干什么都行。"

"好的，先生。您先录音表明您的心声，我现在出去先设法拖住您的太太，给您争取时间，10分钟后我们开始行动。"

谁知我刚跑下楼梯，就看到那位女士已经走到了吧台位置，情急之中我跑上前拦住她，告诉她我们店今天专门为女士准备了胸针、丝巾、发卡等礼物，可以随意挑选。

我跑到门迎处找胡经理要礼物，女士挑来挑去，终于选中了一款丝巾。随后她回到座位上，脸色貌似有了转变。

我和先生偷偷相视一笑，伺机而动。我先跑到水果房拿了一个果盘，并在上面拼了"我知错了"。接着向先生使眼色，他很有默契地把手机放在桌子上，然后朝我走来。我站在女士看不到的地方拨通了先生的手机，远远地看着女士。

女士先是看了一下手机，听到那特殊的铃声，才拿起手机攥在手里静静地听着。

我不知道先生对女士说了什么，但我看到女士有些不好意思地笑了，知道先生成功了。这时我就鼓励他，他一手拿着礼物，一手拖着果盘，慢慢地走向女士并说道："我知道错了，请你原谅！"

女士更加羞涩地笑着说："先坐下，这么多人呢！"

看到这一幕，我知道我们的计划取得了初步胜利，愿今天这位先生能如愿以偿。

大约半个小时后，先生向我比出了OK的手势，我们心领神会，相视一笑。此时此刻我才恍然大悟，终于明白先生为何点鸳鸯形的三鲜锅，我知道这时应该把时间留给他们……

爱与海底捞同在

文 / 故事主人翁

一天中午下班后，我闲着没事，拿起手机发了"今天是 3 月 20 日，海底捞 20 岁生日"的朋友圈，并且发短信告知了老顾客这个美好的日子。

15 分钟后，朋友圈有了一个新的消息动态："3 月 20 日，是我和爱人结婚 3 周年的纪念日。我最爱的海底捞，希望爱与你同在。"

天啊，这不是老顾客郁哥和嫂子最值得纪念的日子吗？！我心里正想着呢，就接到了郁哥的电话，他让我帮他留个两人桌的位置，要安静的。郁哥在宜兴，每次来回路上要花一个多小时，这次郁哥没有多说什么，就说了一句"一定要安静"，就匆匆挂断了电话。

当时我在想，我能为郁哥做点什么呢？急得我像热锅上的蚂蚁一样团团转。后来我开始翻郁哥的 QQ 空间，希望能从中发现点什么。我发现郁哥是一位比较有情调的人，在"说说"上写了好多富有诗意的柔情蜜语。

于是我去了一家饰品店，为郁哥买了一对情侣杯。再加上店里临时准备的爱心靠枕，我脑子里浮现出电视剧里浪漫、温馨的结婚纪念日画面。

为了让郁哥感受到"爱与海底捞同在"，我利用中午休息的时间，对 68 区域进行了简单的布置。粉红色的爱心气球成双成对地被粘在墙上，看起来十分温馨、浪漫。我把桌面上的情侣杯进行了精心的装饰，用大红色的拉花将两个杯子系在一起，两根粉红色的吸管互相缠绕，寓意郁哥和嫂子相亲相爱一辈子；大红色的爱心靠枕在红色玫瑰的衬托下，显得格外浪漫。

为了保证气球不变形，每隔15分钟我就去检查一次，以确保能让郁哥开心地度过这一天。18点20分，对讲机里传来了郁哥已经到大门口的通知，我迎了过去。到了预订的餐桌前，郁哥和嫂子都惊呆了，尤其是嫂子，眼角都湿润了。她有点抽噎，激动地给了郁哥一个很大的拥抱。

郁哥一直说"感谢"，握着我的手对我说："今天是我和你嫂子结婚以来最开心的日子，谢谢你小崔，你太用心了。"

我说："郁哥，不用这么客气，有您这样忠实的老朋友是我们的福气！我还要招呼其他顾客，就不打扰你们的二人世界了。"

几句闲聊后我就去忙了，看到他们那幸福的表情，我心里也乐滋滋的！只要我们用真诚的心去做每一件小事，相信感动无处不在。

千里迢迢寻名医，举手之劳现情谊

文 / 故事主人翁

2 月 10 日，A 区走廊旁边坐了三位女士，其中有一位是 50 多岁的老人，表情看起来特别痛苦。我急忙上前询问老人是否身体不舒服。

其中一位女士是老人的女儿，她告诉我，她们是千里迢迢从云南来的。春节期间她母亲的腿摔伤了，现在来北医三院治疗。听闻海底捞火锅的味道和服务特别好，就带母亲过来享享口福。

老人腿部有伤，不宜长时间在这里等位，我就立马协调把三位女士安排在了位于大厅角落的 100 号桌。一是因为这里来往的顾客较少，相对安静，可以为老人提供一个清净的用餐环境；二是因为这儿离小料台比较近，取用比较方便。

安排好座位后，我又担心老人身体状况，就亲自为她们服务了一阵子。从聊天中我了解到，老人的女儿在北京工作，为了陪老人看病，请了近 10 天的假，却仍没有挂上号，只能焦急地等待着。

我在北京二店工作也有 7 年时间了，认识北医三院的很多医生和部门负责人，就想利用自己的客户资源帮一下忙。于是我和那位女士互换了名片并告诉她："北医三院有我的老朋友，如果有需要帮忙的地方，随时都可以联系我。"

老人的女儿拿着我的名片感动地说："非常感谢您，胡经理，我们只是随口说说，您就忙前忙后为我们安排。我们说者无意，您却听者有心。你们海底捞的服务我也有所耳闻，今日一见，果然名副其实。您这个朋友我交定了。"

忙完眼前的工作后，我就联系了北医三院的骨科医生李主任，并介绍了那位老人的情况，请求他给予帮助。三天后，也就是2月14日上午，我接到老人女儿的电话。她告诉我："我母亲已经在北医三院做了一个简单的手术，医生说很快就能康复，非常感谢您和李主任的帮助。情人节之际，祝您家庭和睦，生活幸福！我一定会把海底捞的品牌及服务告诉身边的人，让更多的朋友认识你们海底捞。我妈妈也希望你们海底捞能开到我们昆明去，这样她就可以天天吃海底捞，天天享受你们真诚、热情的服务了，再一次感谢您的慷慨相助。"

老人女儿的话语一直在我耳旁萦绕，温暖着我的心，仿佛一股暖流贯穿我整个身体。自己的举手之劳，带给顾客的是幸福、健康；顾客真诚的言谢，传递给我的是无限温暖，这就是我们海底捞爱的互动。

在这个情人节里，我收获了爱。这次经历也给我带来了新的启示：不是每位顾客都需要我们甜言蜜语的夸赞，在顾客需要帮助时，我们应该为顾客排忧解难，而不是视而不见，推诿避让。我所做的只是我们海底捞迈向全国的一小步，当我们所有海底捞人都迈出这一小步时，将是我们走向世界的一大步。

◉ 爱，可以再努力一点

文 / 故事主人翁

晚上，大厅 58 号桌来了一对情侣，他们一坐下脸色就不太对。对于"不太对"这三个字，我的理解就是"不开心"。

这时的我只能做一件事："小心翼翼"地去看、去听、去服务。也许是我"小心翼翼"的服务，让他们感到了满意。

他们向我开口的第一个词是"用心"——他们夸赞我很"用心"。我在聊天中得知，他们两个人的感情出了一些问题。作为一名海底捞人，我想我必须让这对不太开心的情侣满意地离开海底捞。

我从水果房拿来一个水果盘送给他们，并附上了一张卡片，写着："爱，可以再努力一点"和"LOVE"。然后我跑到楼下超市买了一盒心形巧克力。虽然楼下很冷，但我的心是暖的，因为"顾客"这个词对于我有着不一样的含义。

我跑回店里，拿出我在来海底捞的第 62 天时买的向日葵花，在他们面前唱起了《我们的爱》，这是我人生中学会的第一首流行歌。虽然我唱得不好听，但我还是自信地唱着，因为只有这样，他们才能被我的服务感动。

果然，他们红了双眼，感动地哭了起来。一曲唱毕，他们拉着我的手向我表示感谢。当我把心形巧克力送给他们的时候，他们感动地说："下次来一定送你一本书，这本书可以让你学到很多很多……"

之后，我给他们讲了我爸妈的故事，虽然他们经常吵架，但他们在一起 20 多年，没有离开过对方一天！因为他们是相爱的。

那对情侣感动地抱着我一起合了影，二人也重归于好。

服务顾客对于我来说是工作，更是一种享受，我经常能感动地哭出来。曾经一位老顾客告诉我，生活与工作中的我们就是一个演员，一定要入戏！爱上你的环境，感动别人，快乐自己。

虽然这句话我到现在也无法完全理解，但我知道，今天的我是幸福的！

姜汁可乐——让感动常在

文 / 故事主人翁

晚上，116 号桌来了一对情侣，我一如既往热情地为他们服务。在协助点菜的时候，我发现那位女士有点感冒。我小声问道："姐，您是不是感冒了？"

她用好奇的眼神看着我，微笑着问道："你怎么知道的？"

我说："我感觉您有点鼻塞，以前我也经常感冒，久病成医嘛！所以，以我多年的经验来判断，您现在已经略微有些感冒了。"

对于我的细心，那位女士很是感动，于是就开始和我聊天。我说："姐，换季节了，要多注意身体啊。我知道几个小窍门，可以提高免疫力，我告诉您，您可以试一下。"

她好奇地看着我，我接着说道："一是多注意室内通风，每天室内至少通风两次，每次不低于 20 分钟。二是冬去春来，室内有些干燥，要保持室内湿度，可以用加湿器，也可以多拖几次地。三是注意饮食均衡，多吃富含维生素的蔬菜和水果，多喝白开水，睡前和起床后喝一杯温开水，有利于稀释血液，促进血液循环。四是加强体育锻炼，多做有氧运动，如打打球、跑跑步、做做操。五是多用热水泡泡脚。"

那位女士被我说愣了，用崇拜的眼神看着我："小伙子，谢谢你了，你真厉害！"

我还偷偷地让配料房做了一杯姜汁可乐。当我送去 116 号桌的时候，那位女士的男朋友正好去调小料。我说：

"姐，这是小苏我专门让后堂给您做的姜汁可乐，希望您的身体快点好起来。今后多注意身体，远离感冒。"

女士很感动地说："小苏啊，你们的服务太贴心了，谢谢你了。可是你哥比我感冒严重，还是先让他喝点吧。"说着就把杯子放到了她男朋友的位置上。

我说："姐，要不再给您做一杯吧。"说着我就要往工作柜跑。

那位女士一把拉住我，笑着说："小苏啊，谢谢你了，不能再麻烦你们了，我和他喝一杯就行。"

我看着那位女士点了点头："好吧！"说着就从工作柜里又拿了一个吸管放在杯子里。

女士的男朋友回来后，看到那杯冒着热气的姜汁可乐，问道："这是什么？"

我说："这是姐特意让我给您做的姜汁可乐，说是您感冒比较严重，希望您早点好起来。"

男士满是感动地看着女士，女士略有羞涩地说道："哪有，就是小苏看咱俩都有点感冒，特意为咱们做的姜汁可乐。"

男士感动地说："小伙子，你真是细心，谢谢你了。"

后来我又要了一份情侣菜，并与他们互动，让他们猜这个菜的含义。虽然他们没猜出来，但我们互动得很开心。我给他们解释了这份情侣菜的寓意，他们都非常开心。

这对情侣临走时还一直夸我们海底捞的服务好。看着这对情侣满意离去的背影，再回头看装着两个吸管的空杯子，一股莫名的成就感油然而生！

挚爱的父亲

文 / 故事主人翁

今天，我在门店外协助带客时，看到一位很特别的顾客——一位五六十岁坐在轮椅上的老人，表情有些呆滞。我快速上前询问他是否有订位子，想为这样的特殊顾客安排位子。

推着轮椅的大哥说定了209包间，我微笑着上前说："哥，我帮您推吧！这边跟我来，我带您去包间。"

当我把他们带到包间安顿好后没多久，夏爽找到我说："超哥，209包间的客人强烈要求表演一场变脸。"

我说："好啊，我正想为那位大叔准备点什么礼物呢！"于是我让变脸的技师开始准备。从演出开始到结束，大叔一直没笑。我心里琢磨，这里肯定有什么事。于是我和夏爽聊了一下，让她在服务过程中多关注一下，看能否获得些信息。

没过一会儿，夏爽找到我说："那位坐轮椅的叔叔现在已病危，恐怕时日不多了。"

我听后很震惊，为确认情况，我特意到包间找到订餐的李姐和她聊了一下。那位大叔是他们的父亲，刚刚检查出患了癌症。父亲一直为家里辛勤付出，有钱也舍不得花，都想存起来留给子女，更没享受过好的服务。所以今天特意来这儿让他也感受一下好的服务，子女们想让父亲能多去去年轻时没舍得去的地方。从得知病情后，父亲就不哭也不笑了，天天发呆。李姐他们就想让父亲能有一些反应，哪怕哭一下也好。

　　听到这儿我心里一酸，也不知说什么好了，心想我一定要做点事情。告别李姐后，我到办公室打印了《父亲》的歌词，并通知前、后堂会唱这首歌的人全部到209包间外等候。很快走廊上就聚集了很多员工，我们先小声地彩排了一下，我也想了想开场词。

　　准备就绪后我们陆续进入包间，我致完开场词并说明原因，把打印好的歌词递到李姐一家人手中。我说："让我们一家人为我们的父亲唱出我们的心声，感谢这些年您为我们所付出的一切！"

　　在我的带头下，员工们和李姐一家人一起动情地唱起了《父亲》，用自己的真感情唱给父亲听。在歌声结束后，我们一起大声地说："祝你们一家人永远相亲相爱。"

　　这时，我看到了李姐眼里的泪花，李姐父亲的眼泪也流了出来，一家人的目光聚集到了父亲的脸上，开心、难过交织在一起。李姐感动地抱着父亲说："爸爸，我爱你。"

　　看到这触及心底的场景，我这个大男人也眼泪汪汪的。李姐一家人非常感激地鞠躬答谢："谢谢你今天为我们一家人所做的一切，真心谢谢了！"

◉ 比顾客还急

文 / 故事主人翁

行动是最好的道歉，耐心是最大的鼓励，真诚是最大的安抚，体谅是最大的帮助！今天，我被他们称为"海底捞小侦探"。

"我的手机呢？快，妈，您堵在门口别让其他人出去。"

我顺着声音忙向大门口跑去，细听得知，5 分钟前，女士落在卫生间的手机被人捡走了，目前关机！女士满脸忧愁，眼含泪花，我忙去安抚她。我小心翼翼地说："姐，您先别急，好好想想，您是何时进的卫生间，又是何时出来的。有没有和您一起去的，或者……"

她似乎明白了什么，迅速冲进就餐区一桌一桌地问，由于着急，温柔的她一下变得莽撞起来，引起了部分客人的反感和不解。我忙给这些顾客道歉并说明原因，请他们谅解。随后我也一桌一桌地帮女士询问，但没有任何收获。

女士哭了起来，她妈妈赶了过来，责备我们："你们也真是的，厕所为什么要弄个放手机的地方？你们店里可要负责任啊！"

我也随他们难过了起来。女士哭着说："妈，不能怪人家，都怪我不小心！"

然后阿姨又开始训斥起女儿来："你这个孩子，上厕所还带个手机，这下好了吧！"

我跑到卫生间，问了保洁阿姨有没有注意到有谁捡到一部手机，保洁阿姨说她这半天到楼上去帮忙了，没注意到。

话音未落，女士便开始怀疑起保洁阿姨。我看出女士的心思后，立刻让保洁阿姨掏兜给女士看，女士看到我们这么真诚，目标就又转到了客人身上。

时间一分分过去，手机依然没有踪影。女士停下了脚步，我细细给她分析，让她回忆大概是几点上的厕所，几点发现手机丢的。她告诉我，是15：20上的厕所，15：40左右发现手机丢的。我忙通知文员查监控，看这个时间段有哪桌客人也上了厕所。

女士说，她和母亲刚从外地回来，男友开车接她们来吃饭，他去买东西了。手机一丢，连个电话也打不成！听到这里我忙拿出自己的手机让女士给她男友打电话，她很高兴但又害怕。在我的鼓励下，她将真相告诉了男友。男友到了就开始安抚她。阿姨虽然很饿，但也没心情吃饭了。我忙端来了小吃和南瓜粥让她先吃着，阿姨由开始对我们的抱怨转换成了道歉。

随后，他们和我一起到三楼查监控。经过半个小时的细细察看，终于发现了与该女士前后脚到卫生间的人，但由于是死角，很多地方还是看不到。于是我就跑下来问服务员，询问在那个时间段，有哪桌客人上了厕所，最终得知是53号桌、56号桌、39号桌的客人都去了厕所，而这三桌里只有53号桌结账走了。由于53号桌是死角，因此无法看到顾客长相，我到吧台查找53号桌的结账时间，经核实，他们正好是女士上厕所后3分钟走的。

女士一听顾客走了，心一下凉了，说："这下完了，手机没设密码，也没开通GPS，人都走了，还怎么查啊！"

我眼睛一转说："如果买单了，他们可能会开发票。"女士的男朋友立马对我竖起了大拇指。

于是我马上跑到当台服务员处，按照买单的金额，一张一张地查起发票。最终一个"××有限公司"的发票正好和买单金额、时间对应。大门口是必经之路，那里有一个摄像头，这也是最后一个突破点。于是我和女士的男友再次奔向三楼，从大门口的监控视频中看到了53号桌的客人。

可是由于是侧脸，因此没看清面孔，但看清了他们的车是黑色的，车牌前面是豫 A，后面就看不出来了。之后我跑出去问门口的保安，看他们是否对这辆车有印象，结果令人感到无奈。

女士说，他有一个哥哥和一个朋友是在郑州做警察的，他们一定能帮忙。可没了手机，不记得电话号码怎么联系他们呢？我忙让美女用 QQ 和他们联系。功夫不负有心人，终于联系到并顺利地告诉了他们事情经过。女士的哥哥打电话过来，说一定能帮她找到手机的，听到这个消息后我们都安心了。

由于他们没心情吃饭，我特意安排配料房给他们煮了面条，当他们看到煮好的面时，不停地对我说谢谢。女士的男朋友说："说实话，我和我女朋友中途都有些想放弃了，但看你比我们还着急，比我们还难过，我们都被你感动了。"

女士哭着对我说"谢谢"，阿姨也握着我的手道歉，还说："我不应该说是你们的不对。"

我亲自把他们送出了店，并希望女士找到自己的手机。他们非常高兴，女士还给我一个拥抱。他们来店里复制视频时还特意给我带了一些礼物。

没过半个月，女士和她男朋友及家人，拿着一大包糖来店里找到我，说："这是我们结婚的喜糖，你和大家一起吃吧，沾沾喜气。"女士还告诉我，她的手机已经找到了，非要请我这个"小侦探"到她们家做客。

这些天，女士经常给我们介绍客人来店里吃饭，为我们做了很多宣传，我心里乐滋滋的。

附录：张勇谈海底捞

创业 20 多年，张勇所带领的海底捞一直是一些大公司学习的对象。谈到中国公司情感文化管理中的佼佼者，很多人的第一反应都是海底捞，因为它做到了让员工死心塌地跟着公司。

这里摘选张勇多年前接受媒体采访时的一段讲话，有助于大家更好地理解本书中谈到的一些关于海底捞的观点与管理方法。

一、服务就是差异化

我 18 岁进工厂，成为拖拉机厂的一名电焊工人。上班几年后觉得无聊，就在街边摆起了 4 张桌子，开始卖麻辣烫。这种状态持续了 2 年。1994 年 3 月，海底捞第一家火锅城在四川简阳正式开业。我、我太太、同学和同学太太 4 人，就是海底捞的创业团队。

那时我连炒料都不会，只好买了一本书，左手拿书，右手炒料，就这样边炒边学。可想而知，这样做出来的火锅味道很一般，所以要生存下去，只能态度好点，客人要什么就迅速满足，有什么不满意的就多赔笑脸。

因为我们服务态度好、上菜速度快，客人都愿意来吃，做得不好的地方客人也愿意教我做。我发现优质的服务能够弥补味道上的不足，从此更加卖力，帮客人带孩子、拎包、擦鞋……无论客人有什么需要，我都二话不说去帮忙。这样做了几年之后，海底捞在简阳已经是家喻户晓。我开火锅店是偶然，但也算歪打正着。因为火锅相对于其他餐饮，品质的差别不大，所以服务就特别容易成为竞争中的差异性手段。

1999 年，我决定将海底捞做到外地去。海底捞走出简阳的第一站，我选在了西安，因为西安那边有人愿意和海底捞合作。但事与愿违，海底捞到西安的前几个月接连亏损，眼看就要把我们之前辛苦积攒的老本赔个精光。危急关头，我果断要求合伙人撤资，委托我派过去的得力助手杨小丽全权负责，重拾海底捞的核心理念——服务高于一切！短短两个月时间，西安海底捞店居然奇迹般地扭亏为盈。

我这个人比较开明，没有"餐饮服务"的定见——什么能做，什么不能做，只要顾客有需求，我们就做。比如，早几年被网友们热评的"火锅外卖"，起因是我在开会时提了一句："现在网络营销很火，咱们也可以尝试一下嘛！"实际上这一形式自2003年就开始了。

2003年，受到"非典"的影响，餐饮行业陷入低谷，海底捞也未能幸免，营业额直线下降，往日宾客满座的火锅店变得冷冷清清。身为西安店的经理，杨小丽开始寻思对策：客人不愿进店就餐，那可以给客人送上门去。她马上就在报纸上发布了一条关于海底捞火锅外卖的消息。送火锅上门，这很新鲜，海底捞的订餐电话立刻响个不停。

为了送货方便，我们将传统的煤气罐更换为轻便的电磁炉。前一天送餐，第二天再去取回电磁炉。记得这事当时还被《焦点访谈》栏目作为餐饮业在"非典"时期的重大创新进行了专题报道。

二、服务好你的员工

海底捞的服务员很多都是经人介绍过来的：老乡、朋友、亲戚甚至是家人……这种招聘方式在很多人看来简直是匪夷所思。餐饮业属于劳动密集型行业，来就餐的顾客是人，工作的员工是人，所以一定要贯彻以人为本的理念。

我始终认为，只有当员工对企业产生认同感和归属感，才会真正快乐地工作，用心地做事，然后再透过他们去传递海底捞的价值理念。试想你可以和亲朋好友一起工作，自然会很开心，这种快乐的情绪对身边的人都是很具感染力的。

海底捞为员工租住的房子全部是正规住宅小区的两居室或三居室，而且都会配备空调。考虑到路程太远会影响员工休息，海底捞规定从小区步行到工作地点不能超过20分钟；还有专人负责保洁，为员工拆洗床单；

宿舍还配备了电脑，方便员工上网；如果员工是夫妻，则考虑单独为他们安排房间……单是员工的住宿费用，一个门店一年就要花费 50 万元人民币。

为了激发员工的工作积极性，公司每个月会给大堂经理、店长以上干部、优秀员工的父母寄几百元钱。这些农村的老人大多没有养老保险，这笔钱就相当于给他们发养老金了，他们也会因此一再叮嘱自己的孩子，在海底捞要好好干。此外，我们出资千万在四川简阳建了一所寄宿学校，让员工的孩子免费上学。我们还设立了专项基金，每年会拨 100 万元用于员工和其直系亲属重大疾病的救治。虽然这样的福利和员工激励制度让海底捞的利润率缩水很多，但我觉得这些钱花得值得。

加入海底捞的员工，流动率在前 3 个月会比较高，因为生意太好了，工作确实很累；3 个月到 1 年之间，流动率会有所降低；等过了 1 年就比较稳定了，能做到店经理就更稳定了。海底捞员工的薪酬水平在行业内属于中等偏上，但海底捞有很完善的晋升机制，层层提拔，这才是最吸引员工的。绝大多数管理人员包括店长、经理，都是从内部提拔上来的。我们会告诉刚进来的员工，你只要好好干，我们一定会提拔你，这是我们的承诺。

在我看来，每个人都有理想，虽然他们中的大多数人来自农村，学历也不高，但他们一样渴望得到一份有前途的工作，希望和城市居民一样舒适、体面地生活。他们也愿意为追逐梦想而努力，用双手改变命运。我要让他们相信，通过海底捞这个平台，他们是能够实现这个梦想的。只要个人肯努力，学历、背景这些都不是问题，他们身边榜样的今天，就是他们的未来。

我们对每个店长的考核只有两项指标：一项是顾客的满意度，另一项是员工的工作积极性。而对于服务员，不可能保证让所有的顾客都满意，只要做到让大多数顾客满意，那就足够了。我们会邀请一些神秘嘉宾去店里用餐，以此对服务员进行考核。

我看到有的餐厅训练服务员，微笑要露出八颗牙齿，嘴里夹着根筷子训练。我说这不是笑，简直比哭还难受，他们脸上僵硬的笑容，并不是发自内心的。海底捞从来不做这类规定。激情＋满足感＝快乐，两点都满足了，员工自然就会快乐，并且会把这种情绪带到工作之中。

三、海底捞的章法

海底捞的员工有很多级别，有合格、优秀、标兵、劳模等，还有一个晋升的机制，只要干得好，就可以慢慢获得晋升。海底捞的很多店长、小区经理都是来自企业底层，很少有空降的。我们会这样告诉中层，前些天你还是一个农民工，现在你做店长了，甚至做小区经理了，还给你配了车。你改变了命运，你底下这些员工还没有改变，你的今天就是他们的明天。你该不该把他们带起来？将心比心，这些道理他们就很容易接受了。而且下面的员工也会很努力，因为他们看到了自己的未来。

对于提拔干部，我有一个重要的原则，就是这个人一定要与人为善。之所以定了这个标准，是因为我亲身经历的一件事，它对我的触动很大。这件事发生在我的家乡四川。因为开店，我在外面的时间比较多。有一年回家，我向我妈问起"傻子"的情况。我妈说："你问他干什么？"我说："他们家很困难，我现在条件好了，想给他送一万块钱过去。"我妈说："你怎么不早问？他早死了。"

"傻子"是我的同龄人，他父母可能是近亲结婚，所以他先天智力低下。他父亲据说是去外地打工了，可再也没有回来，大家都猜测实际上是把他们娘儿俩给丢下了。他们母子二人相依为命，生活非常艰难。起先，"傻子"的母亲在一个机械厂工作。后来她下岗了，靠在机械厂门口摆小烟摊维持生计。再后来机械厂改制，负责人不让她在门口摆摊了，这实际上就是把他们娘儿俩的生计给断了。没办法，母亲就决定带着儿子一起自杀。

听街坊描述，那天"傻子"特别高兴，到处跟街坊说他要吃方便面了。那时候方便面对于他们家来说还是个奢侈品。母亲带着"傻子"到了一座小山上，用暖瓶里的水冲开一包方便面，放上老鼠药，娘儿俩就这样死了。只有一包方便面，做母亲的都给了儿子，她自己喝的白水。那个机械厂的负责人完全可以让"傻子"的母亲接着摆摊，或者随便给她安排一个工作，但是他没有，直接导致了两条生命的逝去。所以我坚持要求，一个中层干部要能与人为善，这一点很重要。

海底捞是没有专门的人力资源部的（海底捞早期没有专门人力资源部，从 2010 年起设立了人力资源部）。我一直觉得人力资源部门是人为地分裂出来的一个组织，对公司的企业文化建设很不利。说实话，人力资源的负责人不可能了解每一个员工的能力。通常他们做事的原则是不得罪人。其实，每个企业都想打造一种宽容、正确的价值观和企业文化，但总是会有一些异类不认同企业文化。

我觉得一个好的领导一定要有变革的勇气和能力。至于怎么处理不认同企业文化的人，那就千差万别了，有些很野蛮，直接剥夺他所有的东西。我觉得这样也不对，应该互相考虑。但是这个问题一定要处理，并且不能拖太久。

管理有时候是"慈不掌兵"，作为企业老总，一定要轻而易举地越过这个障碍，在很短的时间内平息这种纠纷。我觉得这跟性格有关，有的人性格上就不太善于处理这种关系，总是有很多理由，如顾及老员工的贡献。这样处理起来，就会比较犹豫。我天然就缺乏这种念旧的情感，没有这种所谓的道德上的压力。不过海底捞很少用极端方式，大多数是降职、训斥，犯了错误的员工以后还是有机会的。开除人也不是经常做的，做老总的，做过一两次就差不多了，我这么多年都没有做过一次。

四、用服务连接人和信息

提到海底捞，每个人都觉得服务很好，我们能得到这么一个评价也非常不容易。像很多科技公司是用技术把人和信息连接起来，做成一个平台的模式。但是，我想用服务把人和信息连接起来，这有可能是对前面那种方式的补充。

换句话说，你可以模拟这样一个场景：一个火锅店的服务员小黄在这里工作了十年，然后你老去这个火锅店，你们就会很自然地形成一种朋友关系。有一天，你加班的时候某个亲戚要来，你可以把钥匙交给这个服务员，然后告诉你的亲戚——你在加班，钥匙由海底捞的小黄给他带上去。这样一来，我们和社区的联系就会比较紧密。

还有一个场景，比如，一对夫妻来火锅店，先生是山东人，太太是四川人，我们推菜的时候肯定是推四川菜，因为老公的胃口会被老婆改造。如果他喝酒，喝酱香型还是醇香型，这些在他消费的过程中都能体现出来，这些数据对未来一些更精准的服务会有很大的帮助。很多人问我，你经历了公司从小到大、人员扩张，有没有什么建议或者经验可以分享。说实话，我不知道该怎么建议，管理一个有大量人力的公司，我每天都在解决很多解决不了的问题。我解决不好，可能我的同行们也解决不好，只能说大家都尽力了。

我在尽力做的时候，市场也给我机会，让我把海底捞越做越好。我觉得海底捞走到今天主要还是幸运，硬要说有什么建议，就是好好做呗，别去东想西想的。因为有十个人去做同一件事情的时候，总有九个人中途会花心思去做别的事情。如果你能认认真真地把这一件事情做好，那么最后留下来的就是你。

花了几个月的时间，终于把这本书整理完了。再过一段时间就要到自己的生日了，我特别兴奋，这是给自己最有意义的生日礼物了。这段时间，工作之余的加班加点都是值得的。

回头再翻阅时，感觉很多画面还在脑海中浮现，这些事仿佛就发生在昨天，令我想起了曾经在海底捞的日子。

我依稀记得，春节上班后的第一天，苟哥给我买了一件大衣，至今我还好好保存着；记得有一次到袁哥家开会，结束后袁哥让大家每人抱走一个他母亲种的大南瓜；记得党姐每次出差都会给大家带一些小礼物；记得张大哥月会上说的那句话："上级的无心之举，可能是员工的灭顶之灾"；记得杜哥每次培训都会充满激情地做演讲，他就是一个天然的海底捞人；记得跟振宁一起去南六环的蜀海物流做调研，熟悉采购与物流业务；记得每次和琳丽一起认真讨论审计报告的每个措词与数据；也记得每天没完没了的会议、没完没了的工作和一群可爱的伙伴；更记得在工作中我们的一些争论，特别是和党姐，有欢笑也有泪水。一幕一幕，现在回想起来都是那么的美好……

书中的一些故事与案例，都是发生在几年前的事情了。在海底捞，唯一不变的就是变化。相信在今天，海底捞一定发生了翻天覆地的变化，很多管理规则也进行了大幅度的调整，一些人员也有了新的岗位。但我相信，有一点是不会变的，那就是海底捞的文化与管理的核心原则。"双手改变命运"的价值观一定会得到坚定的传承；真诚、勤劳与善良的选人标准不会有丝毫改变；以员工满意度驱动顾客满意度的经营逻辑不会发生变化；制度化管理、流程化操作、数据化考核与跟踪式监督的管理思路也一定会长期坚持；强化执行力与创新，打造学习型组织，推进联邦制的思想，在相当长的时间内将成为公司基本的管理原则。

如果拆开来看，海底捞的人并不一定个个都很厉害，并不一定个个都是精英。但是这群人聚到一起就会战无不胜，这其中的主要原因应该归功于海底捞完善的人力资源管理体系，对人性的深刻洞察。苟哥曾说："我不懂业务，我的工作就是想办法激励你们，让你们努力地工作。"从"经营事到经营人"，是海底捞管理的精髓所在。

在选取一些案例的时候，我考虑到每个行业的差异性，因此只分享了海底捞具有普适性的一些管理案例。比如，创新案例与裁决案例，虽然很具体，但其他企业不一定有类似的案例。但是管理的道理是相通的，从这个角度讲，海底捞的案例有值得借鉴的意义。

特别是在文化月刊部分，选取了几篇有代表性的内部文字，杨小丽、郑操犁（综合事务部部长）与佚名作者的。杨小丽与郑操犁作为公司的最高决策层，他们在文章中表达的思想观点，给我们提供了另一个观察海底捞的窗口。

入职海底捞前，我曾经在一家管理咨询公司做管理咨询顾问，也还算见过一些世面，参与过一些大型企业的管理项目，如红塔集团、江苏广电集团、柳工集团、东北制药集团、庆安集团、国机重工集团、藏药集团、潍坊广电等。相比较下来，我觉得海底捞的管理体系是最特别的一个。它有效地把每个人的个人能力转化为公司的组织能力，并形成组织记忆，让其拥有自进化能力。

离开海底捞后，我去了互联网公司，在对互联网行业有了一些了解后才发现，"没有对比就没有伤害"，与传统劳动密集型行业的海底捞相比，一些互联网公司的管理显得很弱，尽管公司拥有一大批高学历员工。我也曾尝试借鉴海底捞的管理模式，但是每个企业对管理的理解不一样，知识背景也不一样，没有共同的理念，很难在新的土壤上开出海底捞之花。

　　管理不仅是一门科学，还是一门艺术，从来都没有对与不对之分，只有合适与不合适之分。海底捞的管理虽好，但不一定适合所有企业，所以不能生搬硬套，因为管理是生长在企业文化基因的基础上的。黄铁鹰老师写过一本书，名为《海底捞你学不会》，我非常赞同这个观点。确实，海底捞的管理是学不会的，哪怕是了解了海底捞的所有管理方法与管理体系。如果真那么容易学会，那世界上就不止有一个海底捞了。

　　但是，有一点是可以学会的，就是海底捞管理的核心思想：顾客满意度与员工满意度。企业可以借鉴这两个核心思想，并结合自身的实际情况，制定与自己企业情况相匹配的管理制度。

　　我们读书，很大程度上是在体会别人的思想，我写海底捞也同理，只是充当了一个叙述者而已，把海底捞的那些事进行了转述。我小心地进行客观描述，生怕歪曲了原意，所以尽量不妄加评论。

　　书中的一些案例涉及不少曾经的同事，如果有不当的地方，还请大家多包涵，在此表达诚挚的歉意和谢意。再多的文字都不足以表达我对你们的敬意，唯有用"感谢"。

　　最后，再次感谢在海底捞的那段日子，有大家的陪伴，苟哥、党姐、杜哥、徐哥、蒋哥、振宁、娟姐、春焕、琳丽……是你们让我的生活变得更加丰富多彩，也让我的人生更加有意义。也感谢我的家人，在那段日子里对我工作的支持与理解。

　　　　　　　　　　　　　　　　　　　　　　　　　　　赛桂生